꽂으로 꾸미는 웨딩의 모든 것

올 댓 웨딩플라워 All That Wedding Flowers

김현민 지음

부민문화사

Foreword

머리말

최근 플라워 디자인을 하시는 분들 사이에서 웨딩플라워 디자인에 관한 관심이 높아지고 있습니다.

저는 오랜 세월 동안 유명 호텔 플로리스트로 근무하며 수많은 웨딩플라워 디자인과 연회장 공간연출을 하여 너무나도 익숙해졌지만, 새로 시작하는 플로리스트 혹은 이 분야를 처음 접하는 분들에게는 웨딩플라워 디자인이 미지의 세계일 것이라는 생각이 들었습니다.

그래서 제가 가진 경험을 바탕으로 웨딩플라워 디자인의 기초적인 부분부터 차근차근 알려주고 싶은 욕심에 책을 쓰는 작업을 시작하게 되었습니다.

또한 결혼을 앞둔 신랑 신부에게 대중적인 디자인과 개인의 취향을 반영할 수 있는 다양한 정보를 제공하고자 합니다.
원하는 디자인을 올바르게 선택하기 위해서는
웨딩플라워에 대한 지식과 담당 플로리스트와의 커뮤니케이션이 필수이기 때문입니다.

조금 먼저 꽃을 시작한 선배로서 애정 어린 마음으로 만든 이 책이 웨딩플라워에 대해 알고 싶거나 혹은 스스로 웨딩플라워 디자인을 하고자 하는 분들에게 조금이나마 도움이 되고 즐거운 경험이 되었으면 합니다.

끝으로 웨딩홀 및 사진을 사용하도록 허락해 주신 나인트리컨벤션 광화문 임직원 분들과 청스튜디오 대표님께 진심으로 감사드립니다.

김 현민 올림

SAMSUNG

차례

04. 많이 사용하는 기법들

리본접기(보우)

와이어링 기법

05. 웨딩플라워 디자인의 실제

CHAP 1. 웨딩홀 공간장식
Wedding Hall design

CHAP 2. 웨딩플라워 디자인

Wedding Flowers design

● 이 책에 사용된 화훼식물의 학명과 일반명 및 시장명은 다음과 같습니다.

학명	일반명	시장명
Dendrobium phalaenopsis	덴파레	덴파레
Eustoma grandiflorum	리시안서스	리시안서스 혹은 리시안
Gypsophila paniculata	안개	안개, 안개꽃
Gladiolus × gandavensis	글라디올러스	글라디올러스 , 라스
Hyacinthus orientalis	히아신스	히아신스
Hydrangea macrophylla	수국	화이트수국, 핑크수국, 엔틱수국(컬러를 붙여 부름)
Lilium Oriental Hybrids	나리(오리엔탈계)	시베리아, 카사블랑카(화이트컬러)
Phalaenopsis spp.	호접란	호접, 호접란
Rosa spp.	장미	품종과 원예교배종에 따라 다양한 명칭을 사용 (줄리엣, 샤만트, 테스, 보잉 등등)
Hedera helix	아이비	아이비 (긴 줄기에 잎이 달려있는 것: 줄 아이비, 잎만 모아 묶은 것: 아이비)
Philodendron cv. Xanadu	필로덴드론 제나두	신종 셀렘
Rumohra adiantiformis	루모라고사리	노무라

꽃으로 꾸미는 웨딩의 모든 것

올 댓 웨딩플라워

All That Wedding Flowers

01 웨딩플라워란

우리나라의 웨딩플라워는 전통혼례의 서구화에 따라 나타난 새로운 장르로서, 외국에서 도입된 결혼 양식이 우리나라의 문화와 혼합되면서 한국적인 결혼식의 형태로 발전되어 왔다.
지난 1980년대 국민허례허식 행위 금지 규정에 따라 가정의례준칙에 관한 법률이 개정되어 1990년대까지 호텔에서의 결혼예식이 금지되었으나 1999년 8월부터 특1급 호텔 웨딩이 자유화 되면서 웨딩플라워 시장에 새로운 지평이 열리게 되었다.
이와 같은 웨딩플라워의 획기적 발전 모멘트는 웨딩플라워 디자인의 다양화와 함께 새로운 글로벌 시대에 맞는 예술성을 갖게 되었고, 많은 플로리스트들에 의해 창의적인 작품으로 나타나게 되었다.
신랑 신부는 결혼식에서 새로운 인생이 시작되는 만큼 다른 무엇보다 외적으로 나타나는 플라워 디자인에 대해 자신의 개성과 취향에 맞는 컬러나 디자인을 적극적으로 요구하고 있다.
그러나 플로리스트의 입장에서는 장식적인 요소보다는 기능성과 실용성을 강조함으로써 시간적, 장소적 제약을 받는 웨딩 공간을 보다 아름답고 세련된 느낌으로 추구하였고, 디자인 면에서 다소 차이가 있으나 작품에 있어서 웨딩 장소에 맞는 컬러와 통일된 입체감이 갖추어져야 한다는 것이 새로운 트렌드로 부각되었다.
이는 게슈탈트 시지각 이론에 따른 것으로 인간은 조직화된 시지각 정보를 선호하는 경향이 있어 산만한 것보다 그룹핑의 법칙을 적용해서 명백하고 일관성 있는 개념적 구조를 제공하여 무질서와 혼란을 방지하는 효과가 있는 것에 기인한 것이다.
개개인의 특성에 따라 다르지만 전체적으로 통일된 웨딩플라워 디자인은 현대인에게 좋은 인상을 제공할 수 있기 때문에 신랑 신부를 돋보이게 하고 축복의 분위기를 보다 더 훌륭하게 연출할 수 있다.
웨딩은 몇 시간 동안 가장 아름답고 화려하게 진행되는 만큼 웨딩플라워 디자인은 절화장식 위주로 이루어지고 있다.

02 웨딩플라워의 역사 - 유럽의 역사를 통해 본 웨딩플라워

(1) 고대 이집트시대(BC 2800 ~ BC 28)

갈란드(garland)나 리스(wreath), 화관(chaplet), 병꽂이 등을 종교의식과 축제, 장례식 장식용으로 이용하였다. 해악을 피하기 위해 허브를 사용하였다.

(2) 고대 그리스시대(BC 600 ~ BC 146)

리스메이커(wreath maker)가 직업으로 존재하였다. 코르누코피아(풍요의 뿔 : horn of plenty)가 처음으로 사용되었고, 종교의식과 전통에 의해 용기의 사용이 제한되어 꽃과 꽃잎을 뿌렸다.

(3) 로마시대(AD 28 ~ 325)

꽃장식이 강력한 힘과 권력의 상징이었고, 신부들은 리스를 웨딩 소품으로 사용하였다. 나리는 순수, 로즈마리는 영원한 삶, 벼는 번영을 상징하였는데 이러한 주술적 의미를 사용하여 행복한 결혼을 염원하였다.

(4) 르네상스시대(15C ~ 16C)

이탈리아를 중심으로 일어난 그리스, 로마 문명의 재생과 부흥운동이다. 화기에 순결을 의미하는 한 송이 백합을 담아 종교적 상징을 보여주는 꽃꽂이를 비롯하여 줄기가 보이지 않을 정도로 꽃을 가득 채운 꽃꽂이가 일반적으로 이용되었다. 고대에 유행하던 갈란드나 화관도 이용되었다.

(5) 바로크와 더치 플래미시 양식(17C)

바로크 양식은 이탈리아에서 시작하여 북유럽으로 전파되었고, 웨딩장식에서 꽃이 가장 큰 비중을 차지하였다. 곡선과 비대칭 형태를 많이 사용하였으며 S자형(호가스 라인)과 초승달 형태가 바로크 스타일의 특징이었다. 많은 종류의 꽃을 가득 채우고 새 둥지, 조개, 과일 등과 같이 다른 재료를 함께 사용한 화려한 더치 플레미시 화훼장식이 유행하였다.

(6) 로코코시대(18C)

프랑스의 황금시기로 화려하고 우아하면서 심미안적 측면에서 과장성이 보이는 다양한 용기가 유행하였다.

(7) 빅토리아시대(18C ~ 19C)

영국인들이 세계로 여행을 다니면서 접한 다양한 문화를 결합한 디자인으로 처음 화훼장식이 하나의 예술 전문직으로 자리 잡았다. 꽃꽂이에 관한 책들이 급격하게 확산되었고 일상생활에 꽃이 필수로 사용되었으며, 빅토리안 로즈라고 불리는 로즈 멜리아(Rose-mellia)가 유행하였다. 노즈게이 부케를 장식적인 면이 아닌 기능적인 면으로 개발하였다.

(8) 아르누보(Art Nouveau)

장식적 스타일을 중시하였으며 독일에서는 유겐트 양식(Jugend stil), 이탈리아에서는 리버티 양식(Stile liberty), 스페인에서는 모더니스타일(Modernista), 오스트리아에서는 세체치온스틸(Sezessionstil)로 불렸다. 비대칭 자연문양을 선호하였으며 담쟁이덩굴, 포토넝쿨 등의 곡선이 모티브로 많이 사용되었다.

(9) 1930 ~ 1940년대

많은 꽃을 사용하는 샤워 부케가 유행하였다.

(10) 1940 ~ 1950년대

전쟁 시 생화를 이용하기 쉽지 않아 조화를 사용하였다.

(11) 미니멀리즘(minimalism)

미니멀리즘의 경향으로 색채, 형태, 구성을 단순화하고 장미다발이나 릴리와 같은 단일 종류의 꽃묶음이 나오기 시작하였다.

(12) 포스트모더니즘(postmodernism)

화훼장식의 소재나 표현 방법 등 획일적인 사고의 틀에서 벗어나 다양한 실험 정신을 추구하는 포스트모더니즘을 과감하게 시도하였다.

03 웨딩플라워 디자인의 시작

(1) 고객 상담

최근의 웨딩은 대부분 호텔이나 웨딩홀에서 이루어지고 있다. 특히, 호텔 웨딩은 고가의 플라워 디자인 비용이 발생하므로 거의 모든 신랑 신부들이 플라워 디자인 관련 상담을 하고 있다.

호텔은 여러 가지 오브제를 보유하고 있고 웨딩 시작시간이 오전 12시~1시, 오후 5시~6시 이렇게 하루에 한 장소에서 2차례만 진행되기 때문에 오전 웨딩이 있더라도 오후 웨딩을 다시 준비하는 시간적 여유가 있어서 플라워 디자인 선택의 폭이 다양하다.

꽃의 종류나 디자인은 주로 신부들이 주도적으로 결정하고 가끔은 신랑 또는 양가 어머니들이 선택하는 경우도 있다.

꽃 상담을 할 때는 현재 호텔에서 진행되고 있는 여러 가지 형태의 디자인을 보여주고 그 중에서 마음에 드는 스타일을 결정하는 것이 일반적이며, 컬러나 선호하는 화훼 소재를 원할 경우 변경이 가능하지만 화훼 소재가 고가일 경우 추가 비용이 발생하기도 한다.

또는 다른 디자인이나 보유하고 있지 않는 오브제를 원할 경우, 발생하는 모든 비용을 지불하면 신랑 신부들이 원하는 플라워 디자인이 가능하다.

일반 웨딩홀은 하루에 많은 결혼식을 치르기 때문에 플라워 디자인 선택의 폭이 넓지는 않다.

동시 예식을 하는 곳에서는 호텔처럼 많은 오브제를 보유하고 있지는 않지만 기존 오브제를 사용하여 신랑 신부의 요구를 충족시키려고 노력하고 있다.

꽃 상담은 원하는 신랑 신부만 하고 있으며, 웨딩홀에서 많이 진행되고 있는 플라워 디자인을 선택하는 경우가 대부분이다.

분리 예식을 하는 곳에서는 예식장(채플)만 꽃장식을 하고 연회장은 거의 플라워 디자인을 하지 않는다. 또한 플라워 디자인을 하는 예식장은 여러 신랑 신부가 사용하기 때문에 디자인 변경의 어려움이 있다.

(2) 행사 준비

주말에 웨딩이 있는 경우에는 월요일부터 미리미리 준비해야 한다.

꽃을 피워서 사용하는 시베리아나 카네이션은 월요일에 입고해서 컨디셔닝 한다.

수국과 덴파레 등의 수입 꽃과 장미와 리시안서스 등 대부분의 꽃은 수요일에 입고하여 당일에는 컨디셔닝과 폼 고정 등의 준비작업을 하고, 목요일부터 본격적인 웨딩플라워 디자인 작업을 한다.

미리 꽂아 놓은 꽃은 냉장실에 보관하여 신선도를 유지한다. 냉장실의 온도는 9℃가 적당하며, 선반

위에 꽂은 꽃을 차곡차곡 놓을 수 있어 저장 보관하기에 용이하다.
금요일에는 부족한 부분의 화훼소재를 입고하여 컨디셔닝 하고 나머지 플라워 디자인을 한다.
토요일 오전에는 행사장에 오브제를 세팅하고, 미리 꽂아 놓은 꽃을 오브제에 올려놓는다.
12시 웨딩은 2시쯤 끝나므로 다음 웨딩이 있을 경우에는 다시 새로운 플라워 디자인을 세팅한다.
웨딩이 모두 끝나면 오브제와 꽃을 정리한다.

행사 시간계획표

일자	내용
월요일(5일 전)	시베리아, 카네이션과 같이 미리 피워서 사용하는 꽃은 월요일에 입고하여 컨디셔닝 한다.
화요일(4일 전)	웨딩에 사용할 화기의 청결도를 체크한다.(오염이 심할 경우 재 세척)
수요일(3일 전)	수국, 덴파레 등의 수입 꽃과 장미와 리시안서스 등 대부분의 꽃은 수요일에 입고하여 당일에는 컨디셔닝과 플로랄 폼 고정 등의 준비작업을 한다.
목요일(2일 전)	본격적인 웨딩 플라워 어렌지 작업을 한다. 미리 꽂은 꽃장식은 냉장실에 보관하여 신선도를 유지한다.
금요일(1일 전)	부족한 부분의 화훼소재를 입고하여 컨디셔닝 하고 나머지 꽃장식을 한다.
토요일(D-day)	12시, 18시 웨딩일 경우 08:00 웨딩 오브제를 세팅한다.(홀에 행사가 없다면 금요일 저녁에 미리 세팅할 수도 있다.) 09:00 미리 꽂은 꽃을 오브제에 올려놓는다.(단상, 버진로드, 테이블 등) 10:00 행사장 안의 초에 불을 켠다. 12:00 웨딩 시작 14:30 웨딩이 종료되면 다음 타임 웨딩을 준비한다. 15:00 테이블 크로스를 교체해야 하기 때문에 그 위의 모든 오브제와 화기를 수거하여야 한다. 16:00 테이블 오브제와 화기에 새 꽃과 초를 올려놓고 테이블 위에 다시 세팅한다. 단상과 버진로드의 꽃도 교체한다.(디자인이 바뀌면 버진로드 오브제도 교체한다.) 17:00 준비가 끝나면 초를 켠다.
행사 종료 후	20:30 모든 웨딩이 종료되면 오브제와 화기를 플라워샵으로 옮겨서 세척하고 정리한다.

웨딩 준비 작업은 웨딩 시간과 요일에 따라 변동될 가능성이 있다. 금요일과 같은 평일 오후에도 종종 예식이 있기 때문에 상황에 맞게 적용하면 좋을 듯하다.

호텔의 경우 일반적으로 웨딩이 끝나면 하객들이 꽃을 가져갈 수 있도록 포장해 준다.
웨딩홀의 경우 테이블의 꽃을 가져가게 하는 곳과 전혀 가져갈 수 없는 곳, 혹은 모든 꽃을 가져갈 수 있는 곳 등 다양하기 때문에 그 곳에 맞게 적용하면 된다.

(3) 웨딩플라워의 분류

웨딩플라워 디자인에 주로 이용되는 소재는 절화(절엽, 절지 포함)이다.
절화는 외형에 따라 라인플라워, 폼플라워, 매스플라워, 필러플라워의 4가지로 분류한다.

① 라인플라워(line flower)

키가 크고 길며 많은 꽃봉오리를 가지고 있다.
높이, 폭, 깊이를 만들기 좋은 소재로 작품의 Outline을 잡는 역할을 한다.
꽃은 작은 소화(小花)가 달려 있어 수상화서(穗狀花序)를 이룬다.
글라디올러스, 용담, 금어초, 스톡, 델피니움, 리아트리스 등이 있고, 절엽류로는 베어그라스, 유칼립투스, 갈대 등이 있다.

라인플라워(line flower)

폼플라워(form flower)

매스플라워(mass flower)

필러플라워(filler flower)

② 폼플라워(form flower)

초점 소재, 주요 소재라고 불리며 포컬 포인트(focal point) 역할을 하는 경우가 많다.
폼플라워의 배치 방향에 따라 작품의 방향을 정할 수 있다.
안스리움, 극락조화, 나리 등이 있다.

③ 매스플라워(mass flower)

부피감과 안정감을 주는 역할을 하며 주로 일경일화(一莖一花)인 단정화서(單頂花序)를 이루고 있다.
장미, 카네이션, 튤립과 두상화서(頭狀花序)이지만 하나의 꽃처럼 보이는 국화, 수국 등이 있다.

④ 필러플라워(filler flower)

반드시 사용해야 하는 것은 아니지만 작품의 분위기를 부드럽게 하거나 강조하며 꽃과 꽃 사이의 공간을 메우는 역할을 한다.
스타디스, 왁스플라워, 아스틸베, 숙근 안개초 등이 있다.

(4) 계절별 주요 웨딩플라워

①**설유화** 1월~4월말
②**조팝나무** 2월~5월말
③**벚꽃나무** 4월
④**낙산홍** 9월 말~1월 초
⑤**작약** 4월 말(수입 화훼: 사계절)
⑥**히아신스** 2월~4월 말(수입 화훼: 사계절)
⑦**튤립** 2월~4월 말(수입 화훼: 사계절)
⑧**목수국** 4월 말~6월 초

설유화

조팝나무

벚꽃나무

낙산홍

작약

히아신스

튤립

목수국

(5) 작업도구

①**가위** 플라워 디자인 작업할 때 기본적으로 가장 많이 사용하는 도구이다.

- 철사 가위: 철사가 들어간 조화나 굵지 않은 철사를 자를 때 사용한다.
- 전정 가위: 목질의 잎이나 가지, 굵은 줄기를 자를 때 사용한다.
- 철사 절단 가위(wire cutters): 조화작업 시 굵은 가지를 자를 때 사용한다.
- 꽃 가위: 꽃꽂이할 때 사용한다.
- 리본 가위: 리본이나 끈을 자를 때 사용한다.

②**부자재** 플라워 디자인 작업할 때는 여러 부자재가 필요하다.

- 지 철사: 종이가 감겨진 철사로 리본작업을 할 때 많이 사용한다.
- 전철사(wire): 번호가 클수록 두께가 얇다. 두께는 #으로 표시하며, 가장 굵은 #16번에서 가장 가는 #30번까지가 널리 사용된다.
- 바인딩 와이어 & 라피아(Binding wire & Raffia): 핸드타이드 부케를 만들 때 꽃다발을 묶는 용도로 사용된다.
- 가시제거기(strippers): 장미 가시를 제거할 때 가시로부터 손을 보호한다.

- 코사지 핀: 코사지와 옷을 고정하는 핀이다.(옷감 손상이 있어 자석으로 대체)
- 카파 와이어(capa wire): 섬세한 꽃들을 지탱하거나 잎사귀 형태를 유지 및 고정시키기 위해, 리스나 토피어리 같은 작품을 만들 때 이끼를 묶거나 장식하는 용도로 사용된다.
- 접착테이프(adhesive tape): 방수테이프로 화기와 플로랄 폼을 고정할 때 사용된다.
- 양면테이프: 여러 가지 접착용으로 다양하게 사용된다.
- 플로랄 테이프(floral tape): 코사지나 부케 제작 시 와이어를 감아주는 역할을 한다.
- 토치(torch): 초를 켤 때, 특히 베이스 안의 초를 켤 때 유용하게 사용된다.

(6) 절화의 처리방법과 관리 - 컨디셔닝(Conditioning)

절화(折花, cut flower)는 뿌리가 없는 식물체이므로 수분을 흡수하는 면적이 적어서 수분이 급감하고 노화증상이 일어나 시들어 죽게 된다.

절화의 수명이 짧아지는 원인은 수분 불균형 이외에도 광합성 부족에 따른 절화 내 탄수화물의 부족, 고온에 놓인 식물체 잎을 통한 과도한 증산, 세균증식 등에 따른 도관 막힘, 노화호르몬인 에틸렌가스 분비 등이다.

이러한 절화 소재를 좀더 신선한 상태로 오래 보관하기 위해서는 몇 가지 주의를 하여야 한다.

① 구입 후 반드시 재절단 한다.
② 절단면을 공기 중에 노출시켜 건조하게 하지 않는다.
③ 절단 후 바로 물이 있는 용기에 넣는다.
④ 용기에 넣을 때 줄기의 아래 잎은 반드시 제거한다.

4

6

8

10

⑤ 꽃 가위, 꽃 나이프는 깨끗하게 소독해서 사용한다.
⑥ 절단면이 물에 노출되는 면적이 크도록 사선으로 절단한다.
⑦ 용기에 물을 많이 채워 줄기가 깊이 잠기도록 하는 것이 좋다.(단, 봄에 개화하는 구근식물 튤립, 수선화 등은 얕은 수심의 용기에 담그는 것이 좋다.)
⑧ 철쭉, 라일락 등 목본성 소재는 줄기를 사선으로 절단하기 보다는 줄기 끝을 가위나 칼로 쪼깨는 것이 좋다. 망치로 끝을 두드리는 방법은 세균에 감염되기 쉬워 좋지 않다.
⑨ 당분(sugars)을 이용할 때는 미생물 번식을 억제해야 하므로 반드시 살균제와 혼용해서 사용한다.
⑩ 물을 좋아하는 수국과 반다 등이 시들었을 경우 소재 전체를 수 시간 동안 물에 담가두면 다시 싱싱하게 만들 수도 있다.

(7) 스몰 & 셀프웨딩

요즘 많은 관심을 받고 있는 셀프웨딩이나 스몰웨딩은 호텔의 대형 볼룸이 아닌 수용인원이 적은 스몰룸에서 스몰 앤 럭셔리를 추구하기도 하고, 레스토랑이나 야외공간을 대여하여 합리적인 가격으로 예식을 진행하기도 한다.
호텔이나 전문적인 스몰웨딩 장소에서는 웨딩플라워 디자인을 하는 업체가 정해져 있는 경우가 많고, 레스토랑이나 야외 혹은 교회나 성당 같은 곳은 이곳과 연결된 플라워 디자인 업체를 선택하거나 신랑 신부가 원하는 플라워 샵을 선택할 수도 있다.
그러나 현실적으로는 셀프웨딩보다 셀프웨딩 촬영이 더 많이 이루어지고 있다. 이때 소품으로 화관이나 꽃팔찌, 부케, 부토니어, 의자장식 등을 많이 사용하고, 이러한 웨딩 촬영 소품을 신부가 직접 제작하여 특별한 셀프웨딩 촬영을 하기도 한다.

(8) 꽃시장 알아보기 - 서울 지역

① 강남고속터미널 꽃시장

서울 강남고속터미널 경부선 3층에 위치한 꽃시장에서 생화와 조화, 꽃꽂이에 필요한 부자재와 화기를 구입할 수 있다. 영업시간은 생화는 오전 12시부터 오후 1시, 조화와 부자재는 오전 8시부터 오후 6시이다. 꽃이 입고되는 날은 월요일, 수요일, 금요일이다.

경부선 3층 생화와 부자재시장

경부선 3층 조화시장

② 양재동 화훼공판장

양재동 화훼공판장은 절화와 분화시장이 함께 구성되어 있다. 절화시장 영업시간은 강남고속터미널 꽃시장과 동일하지만 부자재시장은 오전 12시부터 오후 3시까지 영업한다. 종류와 다양성 면에서 경부선보다는 많이 부족하므로 여러 종류의 부자재가 필요하다면 강남고속터미널 꽃시장을 추천한다. 분화시장은 오전 7시부터 오후 7시까지 월요일부터 일요일까지 영업한다.

양재동 1층 입구와 생화시장

양재동 2층 생화와 부자재시장

04 많이 사용하는 기법들 - 리본접기(보우)

1. 플라워 트위스트 보우(Flower twist bow)

프랑스에서 많이 유행한 리본으로 프렌치 보우(French bow) 또는 한국과 일본 등 몇몇 국가에서는 코사지 보우(Corsage bow)라고도 한다.

1

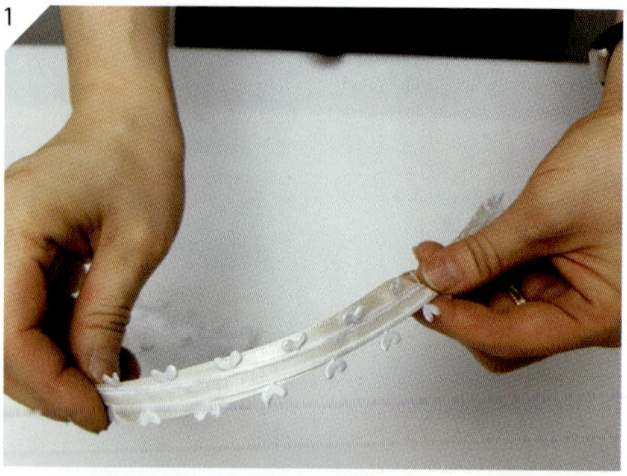

2

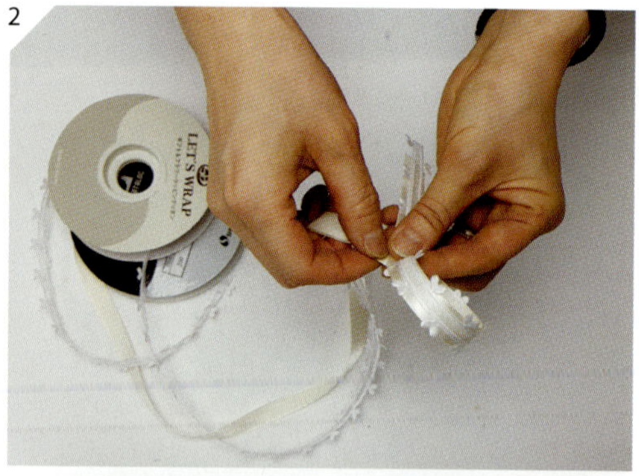

3

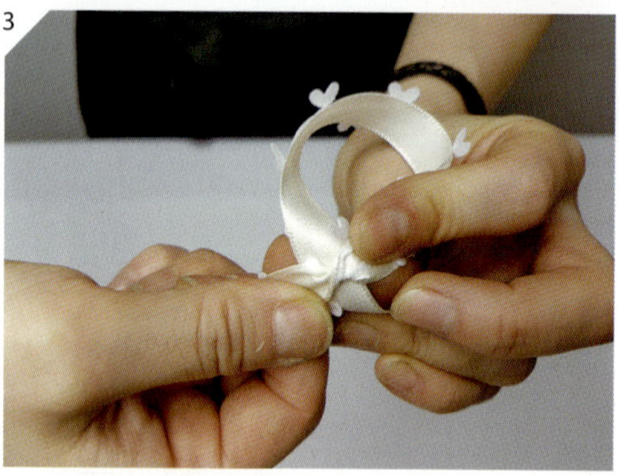

4

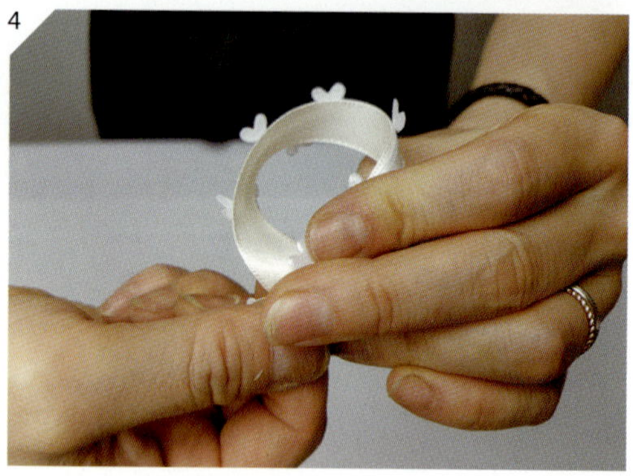

1. 적당한 길이의 리본을 남긴다.
2. 왼쪽 링을 만든다.
3. 링 뒤쪽에서 180°로 리본을 꼰다.
4. 꼬아진 부분을 손가락으로 고정한다.

5. 오른쪽 링을 만든다.
6. 뒤쪽에서 약지와 검지손가락으로 리본 양쪽을 누른다.
7. 중지 손가락을 들어 180°로 리본을 꼰다.
8. 꼬인 부분을 중지 손가락으로 눌러 고정한다.
9. 같은 방법으로 양쪽의 링을 두 개씩 만든다.
10. 보우의 가운데 지점 엄지손가락 밑으로 와이어를 넣는다.

5

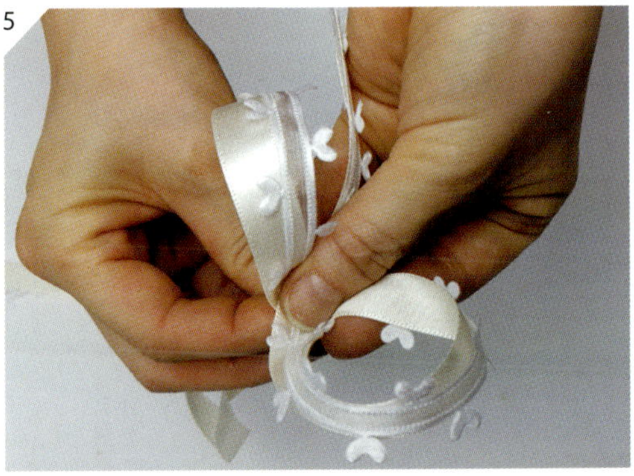

6

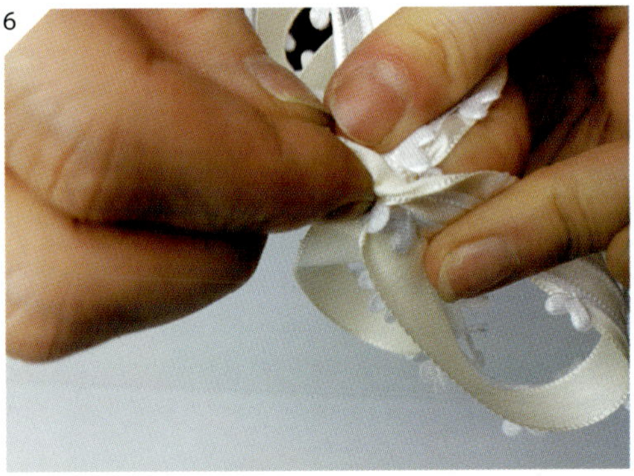

7

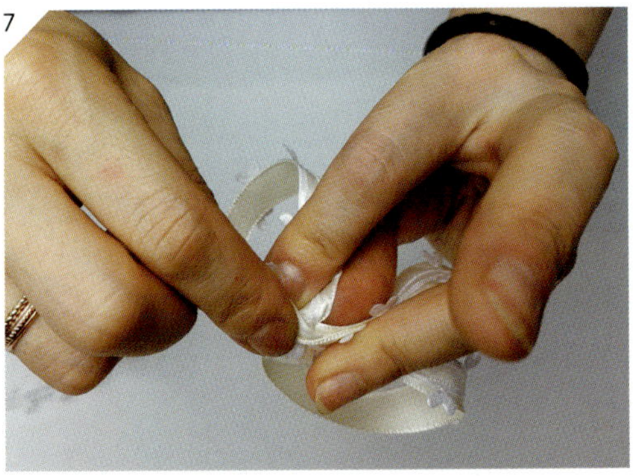

8

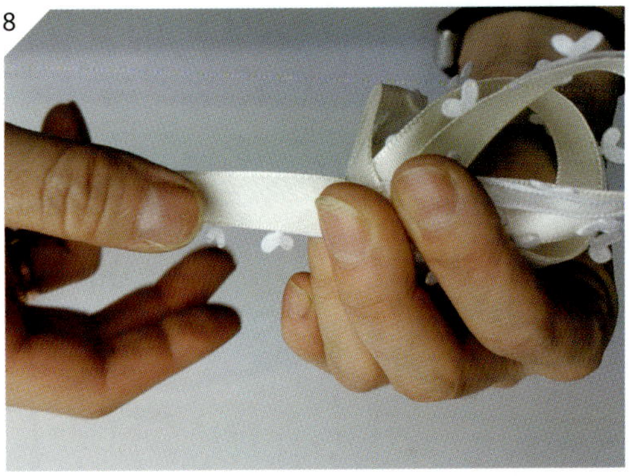

9

10

11
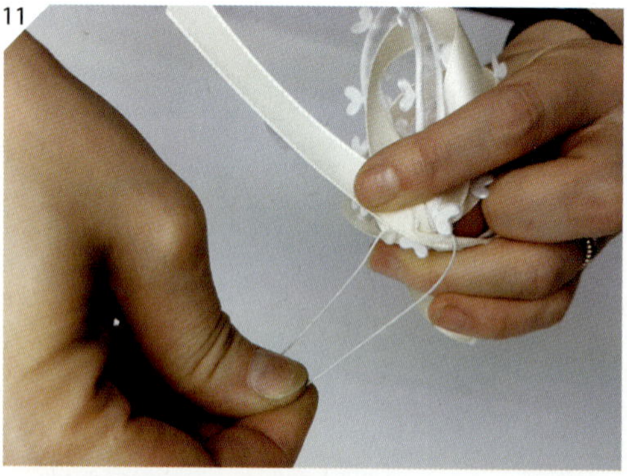

12
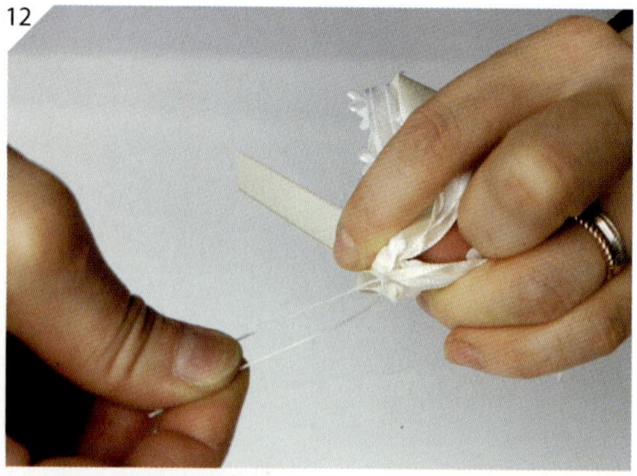

13

11. 와이어를 보우 뒤편에서 잡아당긴다.

12. 와이어를 꽉 묶는다. 이때, 느슨하게 묶게 되면 보우의 볼륨감이 없어진다.

13. 링의 개수는 작품의 크기에 따라 결정한다.

2. 버터플라이 보우(Butterfly bow)

나비의 모습처럼 리본을 제작하며 링이 양쪽 1개면 싱글 나비보우, 링이 2개면 더블 나비보우라 한다.

1
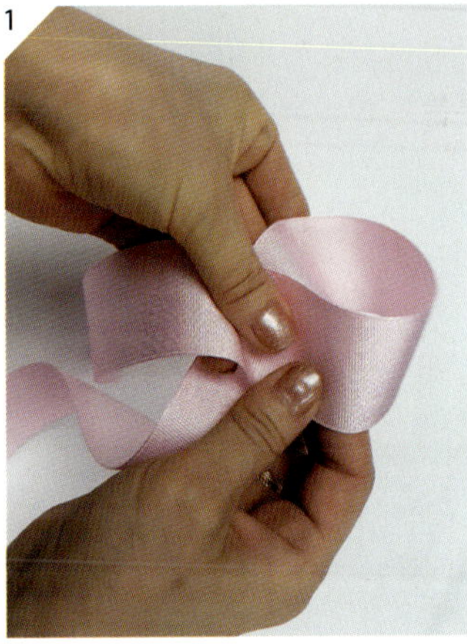

2

3
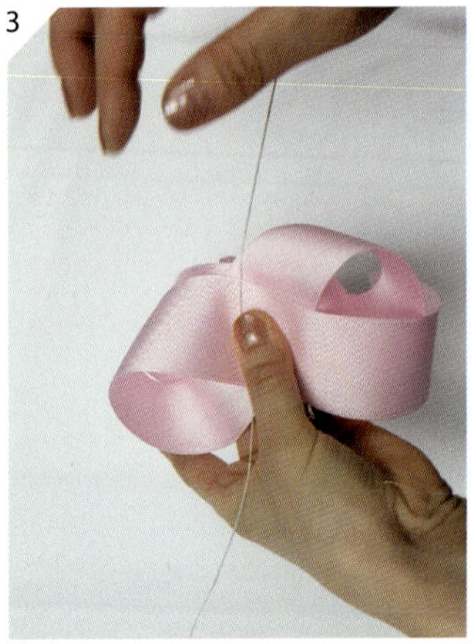

4

1. 적당한 길이의 리본을 남기고 왼쪽 링을 만든다.
2. 리본을 꼬지 않고 오른쪽 링을 만들어 8자 모양이 되게 한다.
   더블 나비보우는 같은 방법으로 링을 한 개씩 더 추가한다.
3. 가운데 부분을 와이어로 꽉 조인다.
4. 양쪽 링이 1개인 싱글 나비보우와 링이 2개인 더블 나비보우

04 많이 사용하는 기법들 – 와이어링 기법

1. 피어스법(Pierce method)

꽃받침 기부에 철사를 관통하는 방법으로 카네이션, 장미 등 꽃받침 부분이 발달된 꽃에 사용한다.

1

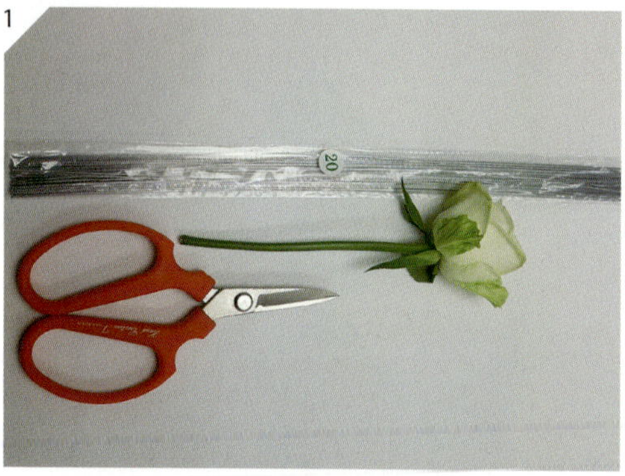

2

3

4

1. 20번 철사를 사용한다.(장미 크기에 따라 철사 선택)
2. 꽃받침 부분에 철사를 꽂는다.
3. 철사로 꽃받침을 관통한다.
4. 철사를 반으로 구부린다.

2. 크로스법(Cross method)

꽃받침 기부에 철사를 십자로 교차하여 관통하는 방법이다.

1

2

3

4

1. 꽃받침 부분에 철사를 꽂는다.
2. 철사를 십자로 꽂는다.
3. 철사를 교차시켜 줄기를 관통한다.
4. 관통한 후 구부린다.

3. 인서션법(Insertion method)

속이 비어있거나 줄기가 약할 경우 철사를 줄기 안쪽으로 찔러 넣는 방법이다.

1

2

1. 칼라의 줄기 안으로 철사를 찔러 넣는다.
2. 칼라의 길이에 맞게 와이어를 자른다.

4. 후킹법(Hooking method)

꽃이 쉽게 떨어지는 국화과 식물에 주로 사용한다.

1

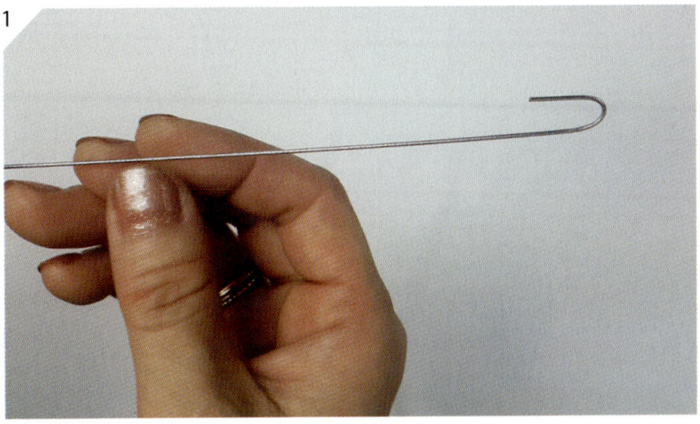

2

3

1. 철사의 끝을 갈고리 모양으로 구부린다.
2. 꽃의 중심에 와이어를 꽂는다.
3. 와이어를 아래로 당겨 고정한다.

5. 헤어핀법(Hairpin method)

꽃잎에 덧대거나 찔러 넣어 식물을 곧게 지탱시키는 방법으로 주로 잎 소재에 사용한다.

1

2

3

1. 아이비 잎 3분의 1지점에 철사를 관통한다.(24번이나 26번 얇은 철사 사용)
2. 관통한 철사를 U자 형태로 구부린다.
3. 줄기 부분을 철사로 감는다.

6. 소잉법(Sewing method)

여러 개의 꽃잎을 연결하여 큰 꽃 모양을 만들 때 바느질 하듯 꿰매는 방법이다.

1

2

1. 꽃잎이 상하지 않도록 조심해서 철사를 관통시킨다.
2. 여러 장의 꽃잎을 바느질 하듯이 꿰맨다.

7. 트위스팅법(Twisting method)

안개, 소국, 왁스 플라워와 같은 필러 플라워로 사용하는 작은 꽃을 모아서 철사를 감는 방법이다.

1

2

3

1. 안개꽃을 적당한 크기로 모은다.
2. 기부에 철사를 감는다.
3. 줄기가 가늘고 약한 꽃에 사용한다.

8. 익스텐션법(Extension method)

두 가지 이상의 철사를 첨가하여 길이를 연장하거나 약한 철사를 보강하는 방법이다.

1

2

3

1. 카네이션을 길이가 짧은 와이어로 피어싱한다.
2. 길이가 긴 철사를 관통한다.
3. 철사를 구부려 필요한 길이로 사용한다.

05 웨딩플라워 디자인의 실제

CHAP 1. 웨딩홀 공간디자인 Wedding Hall design

비용과 장소의 특성을 잘 살펴 해당 공간에 알맞은 장식을 한다. 주례 단상, 버진로드 입구, 테이블 등이 주된 장식 공간이고, 그 외에 양가 부모님께서 앉아 계시는 좌석 앞 테이블, 사회자 포듐, 마이크 등을 장식한다. 2부 행사가 진행될 경우에는 케익이나 샴페인 잔도 장식한다.

단상

꽃길

테이블

신부대기실

포토테이블

케이크

마이크

샴페인 잔

부모님석

접수대

냅킨

100
102 RD
56
RD59

01 단상 디자인

결혼식 단상은 주로 수평이거나 사각형이다. 중앙에 1개와 양 옆으로 1개 또는 2개씩 놓여지는 것이 일반적이며, 단상과 함께 무대를 장식한다. 좌우 대칭이 일반적이며 전체가 어우러지도록 장식한다. 입구에서도 잘 보여야 하기 때문에 흰색의 큰 꽃을 사용하는 것이 효과적이다.

Ingredients

- 화이트 호접란
- 줄 아이비
- 유칼립투스 폴리
- 스카비오사
- 줄무늬 엽란
- 부바르디아
- 화이트 수국

Design

1. 원하는 사이즈에 맞는 플라스틱 받침을 선택한다.
   플라스틱 받침을 사용하면 화기를 사용하는 것보다 가벼워서 이동이 용이하다.
2. 플로랄 폼을 물에 담근다.
3. 서서히 물을 흡수하도록 하다.

1

2

3

4
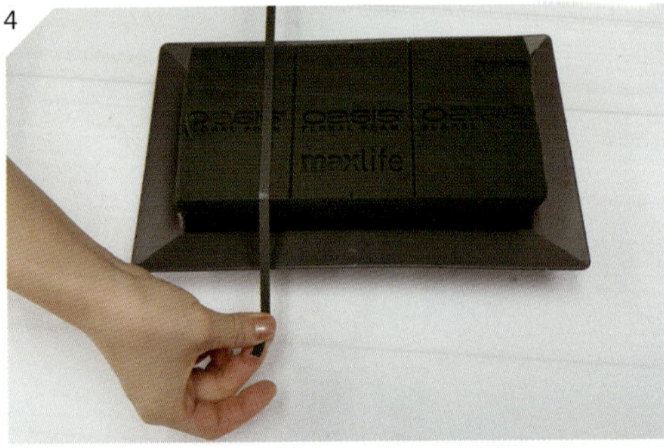

5

6

7

8

9

4. 물이 잘 흡수된 플로랄 폼을 플라스틱 받침에 얹고 방수테이프를 감아 고정한다.

5. 흔들리지 않도록 단단히 고정한다.

6. 잎 소재를 사용하여 플로랄 폼을 베이싱 처리한다.

7. 엽란을 사용하여 플로랄 폼 뒷부분을 가린다.

8. 엽란 앞부분을 접어 두 장으로 만든 후 줄기를 꽂아 사용하면 엽란이 찢어지는 것을 어느 정도 방지할 수 있다.

9. 접어서 줄기를 꽂은 엽란을 길게 사용한 엽란 잎의 고정용으로 사용한다.

10

11

12

10. 엽란으로 플로랄 폼의 뒷면을 다 커버한다.
11. 유칼립투스 폴리를 사용하여 사각 틀 형태를 만든다.
12. 매스플라워인 수국으로 계획한 높이와 길이를 생각하여 꽂는다.
    윗부분에 꽂는 수국이 작품의 높이를 결정하고, 아랫부분의 수국이 전체적인 길이를 결정한다.

13. 이때 수국을 길게 꽂으면 사이즈가 커지므로 대칭 사각형이 되도록 수국을 꽂는다.

14. 화이트 수국으로 사각 아웃라인(outline)을 형성한 후 빈 공간을 채우듯이 수국을 꽂는다. 큰 꽃을 먼저 꽂아 공간을 채워준다고 생각하면 된다.

15. 화이트 호접란을 수국 사이에 넣는다. 전체적으로 사각 형태와 대칭형을 생각하면서 꽂는다.

13

14

15

16

17

16. 스카비오사를 중간 중간에 꽂는다.

17. 오르니소갈럼을 수국과 어울리도록 꽂는다.

18. 화이트 부바르디아를 사용하여 꽃의 흐름이 자연스럽게 어울리도록 꽂는다.
화훼 소재는 장미, 리시안서스, 라넌쿨러스 등 선호하는 소재로 다양하게 대체 가능하다.
19. 엽란으로 베이싱한 뒷부분도 수국을 꽂는다.

18

19

신랑 신부를 주례 쪽에서 촬영하는 경우가 많기 때문에 뒤편에도 꽃을 꽂아주는 것이 좋다. 작은 정성이 때로는 큰 감동을 줄 수 있다. 많은 꽃을 사용할 필요는 없다.

여러 꽃 소재를 사용하여 꽂기도 하고 수국과 유칼립투스 폴리, 줄 아이비 등의 잎 소재만을 사용하기도 한다. 심플하고 깔끔한 스타일을 선호하는 신부들은 다양한 소재보다는 자신이 좋아하는 꽃으로 어렌지한 디자인을 많이 찾는 편이다.

케노피의 부드러운 느낌이 화이트 단상과 어울려 가든웨딩 느낌이 들게 한다. 양쪽에 핸드 타이드 부케를 달아 연출한다.

블랙 백드롭(back drop)이 화이트 수국으로 꽂은 단상 장식을 더욱 부각시켜 깔끔하고 세련된 느낌이 들게 한다.

02 꽃길 디자인

웨딩홀 입구에서 단상까지의 길을 버진로드(Virgin road)라고 한다. 예전에는 버진로드 양 옆을 꽃으로 높게 장식하는 것을 선호하였으나, 요즘 트렌드는 입구장식을 풍성하게 하고 버진로드는 낮게 혹은 양초(candle)만으로 장식하여 신랑 신부가 입장할 때 좀 더 돋보이게 한다. 입구장식은 전체적인 꽃장식과 통일감을 이룰 수 있는 소재와 형태로 제작한다. 비즈를 사용하여 화려하게 연출하거나 나무형태로 제작하여 숲 속을 걸어 입장하는 분위기로 연출하기도 한다. 개성과 취향에 따라 다양한 방법으로 장식할 수 있다.

Ingredients

- 화이트 호접란
- 설유화
- 화이트 수국
- 그린 수국
- 화이트 장미
- 화이트 리시안서스
- 영춘화
- 유칼립투스 폴리

Design

1. 철제 오브제에 맞는 플라스틱 받침을 선택한다.
2. 오브제의 높이가 높을 경우 오브제의 입구와 같은 크기의 플라스틱 물통을 활용한다.
   플로랄 폼이 무거우니 물통에 반드시 물을 채우고 작업한다.
3. 치킨와이어(chicken wire)로 플로랄 폼의 사방을 두른다.
   사이즈가 큰 작품일 경우 많은 양의 화훼 소재를 사용하기 때문에 폼이 부서질 수 있으므로
   반드시 치킨와이어로 고정한다.

1

2

3

4

5

6

4. 영춘화를 중앙에 꽂아 높이를 정하고 줄아이비와 유칼립투스를 이용하여 작품의 폭을 결정하는 외곽선을 만든다.

5. 높이와 폭이 결정되면 그 사이에 반구형으로 설유화를 꽂는다. 타원형, 원형, 팬형 등 다양한 형태의 제작이 가능하다.

6. 큰 작품일 경우 플로랄 폼이 보일 확률이 높기 때문에 영춘화와 설유화, 유칼립투스를 사용하여 꼼꼼하게 베이싱 처리한다.

7

8

7. 줄기가 곧은 수국을 정가운데 꽂아 꽃의 높이를 정한다.
8. 양 옆에 90° 방향으로 수국을 원하는 길이로 꽂는다. 수국을 짧게 꽂으면 달걀 모양의 타원형이 된다.

9. 수직으로 꽂은 수국과 직각으로 꽂은 수국 사이에 전체적인 라인을 생각하며 나머지 수국을 꽂는다.
10. 정가운데 수국을 꽂아 포컬 포인트를 정한다.
11. 컬러 배분을 생각하며 그린색 수국을 사방으로 혹은 그룹핑으로 꽂는다.
여기에서는 사방으로 꽂아 화이트와 그린의 컬러감을 주었다.
12. 시베리아를 수국과 수국 사이에 꽂는다.

9

10

11

12

13

14

15

16

13. 화이트 호접란을 넣어서 빈 공간을 채운다.
14. 화이트 호접란을 물 흐르듯이 꽂는다.
15. 사람들이 가장 선호하는 화훼 소재인 화이트 장미를 넣는다.
16. 화이트 장미를 그룹핑으로 꽂는다.

17. 리시안서스를 이용하여 볼륨감을 준다.
18. 꽃과 꽃 사이에 유칼립투스 폴리와 영춘화를 꽂아 완성한다.
19. 완성된 모습

17

18

19

완성된 꽃장식을
철제 오브제에 세팅한 모습

몇 년 전부터 많은 사랑을 받아오던 디자인으로 미러 박스 위에 핸드타이드한 꽃들을 유리 베이스에 꽂는다. 버진로드는 양초와 안개꽃을 사용하여 풍성하고 몽환적인 느낌이 드는 꽃길을 연출한다. 이때 사용하는 양초는 실제 초보다는 건전지 초를 사용하면 화재 위험을 줄일 수 있다. 낮은 버진로드일 경우 신부드레스나 베일이 닿아 화재가 나는 경우가 종종 있다.

입구의 2m 나무틀에 영춘화와 유칼립투스 폴리, 설유화와 같은 잎 소재와 덴파레를 엮어서 만든 디자인으로 숲 속의 가든웨딩 느낌이 들게 연출한다. 조명을 받으면 빨리 시들기 때문에 워터픽을 꽂아 수분을 공급해야 하므로 작업시간이 많이 걸리는 디자인이다. 버진로드는 양쪽 끝에 양초와 수국을 놓아 꽃길을 연출한다.

입구의 3m 나무틀에 위에서부터 그린후크를 묶어서 나무의 형태를 만들고 그린후크의 사이사이에 덴파레를 워터픽 채로 꽂아서 연출한 디자인이다. 수입소재인 그린후크는 워터픽을 사용하지 않고 물 스프레이만 잘해 주면 24시간 정도는 시들지 않는다. 웨딩 인 더 포레스트(Wedding in the Forest) 컨셉에 맞게 숲속 결혼식을 연출한다.

03 테이블 디자인

테이블 중앙에 위치하는 장식품으로 분위기를 연출하는 중요한 역할을 하며, 대부분 양초와 함께 사용하여 더욱 풍성하고 화려하게 장식한다. 행사하는 시간과 공간을 행복한 기분이 들도록 만들어 준다.

Ingredients

- 망개
- 쿠르쿠마
- 칼라
- 반다
- 덴파레
- 유칼립투스

Design

1. 유리베이스에 물을 붓는다. 꽃을 고정하기 위한 돌과 카파와이어를 준비한다.
2. 적당한 크기의 돌을 카파와이어로 묶는다.
3. 카파와이어로 묶은 부분이 잘 풀어질 때는 실리콘을 발라서 말린 후 사용하거나 플로랄 테이프로 감아서 사용하면 안정적이다.

1

2

3

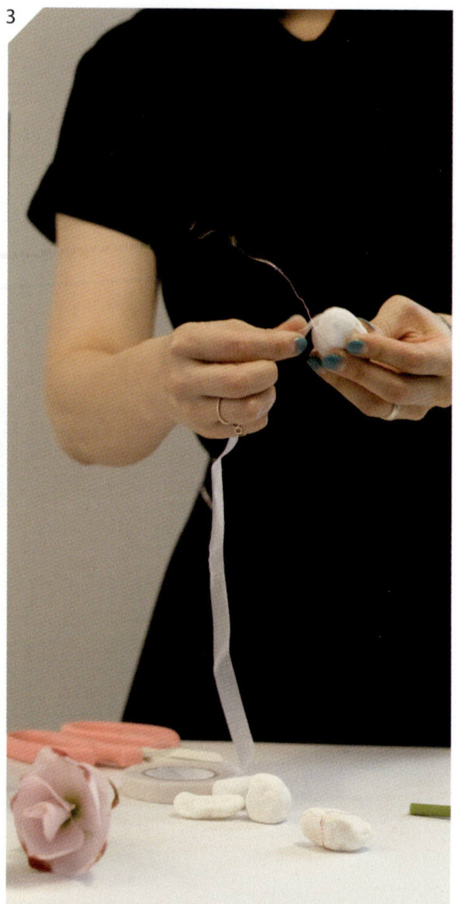

4

5

6

4. 유리베이스에 넣을 쿠르쿠마를 베이스의 높이에 맞게 자른다.
5. 쿠르쿠마에 돌을 묶어 물이 담긴 베이스 안에 넣는다.
6. 높이가 다른 유리베이스를 준비하여 율동감을 준다.(50㎝, 40㎝ 베이스)

7. 반다는 1대를 넣어도 예쁘지만 베이스 폭이 좁을 때는 1송이씩 따서 사용한다.
   1송이씩 딴 반다를 카파와이어로 엮는다.
8. 반다의 아랫부분에 돌을 묶어서 베이스 안에 넣는다.
9. 망개도 아랫부분에 돌을 묶어서 베이스안 에 넣는다.
   덴파레, 튤립, 칼라, 유칼립투스 등 다양한 소재를 이용하여 제작할 수 있다.

7

8

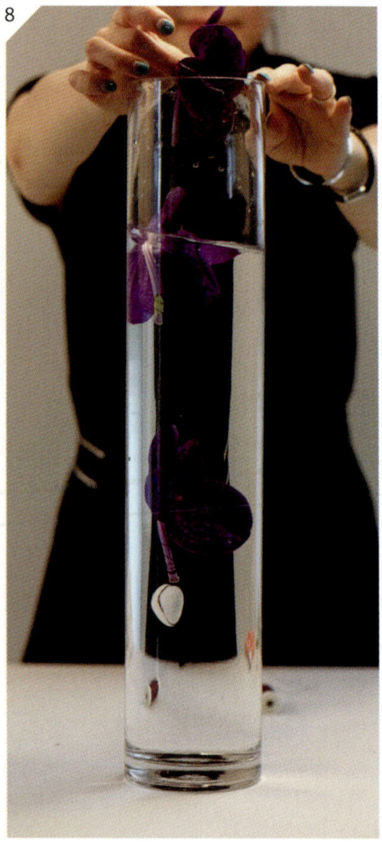

9

10

10. 다양한 소재를 사용하여 완성한 베이스 안에 플로팅 초를 넣는다.

높이가 다른 베이스 안에 덴파레를 넣고 롱베이스 앞에는 수국을 놓는다. 테이블 센터피스로 많이 사용하고 있는 가성비가 좋은 디자인으로 적은 양의 화훼를 사용하지만 플로팅 초와 어우러져 로맨틱한 분위기를 연출한다.

1개의 50㎝ 베이스와 3개의 40㎝ 베이스 안에 유칼립투스 폴리를 넣고, 높이가 다른 수국 베이스를 사용한 디자인이다. 유칼립투스 폴리는 줄기 아랫부분을 돌로 묶지 않아도 고정이 된다.

테이블 센터피스에 사용하는 양초의 지속시간 Tip

플로팅 초의 지속시간은 대략 4시간~4시간 30분 정도이다.
초를 담는 화기가 크고 물의 양이 많을수록 지속시간이 짧아진다.

티팟 초는 담는 기물에 따라 지속시간이 차이가 있는데
물을 사용하지 않은 기물에 넣으면 5시~5시 30분까지 사용할 수 있지만
물속에 넣으면 지속시간은 2시간~3시간 30분으로 급감한다.
물의 양이 많을수록 지속시간이 짧아진다.

Winter

3-1 캔드라브라

캔드라브라로 불리는 촛대를 꽃과 양초로 장식하는 디자인이다. 다양한 방법으로 꽃을 장식할 수 있으나 웨딩 특성상 대량 제작이 가능한 방법을 선호한다.

Ingredients

- 화이트 수국
- 화이트 리시안서스
- 줄아이비
- 유칼립투스 폴리
- 그린 수국

Design

1. 플로랄 폼을 3분의 1로 자른다.
2. 플로랄 폼의 아랫부분을 OPP(oriented polypropylene)로 포장하여 물이 흐르지 않도록 한다.
3. 캔드라브라 위에 직접 올려놓고 꽂으면 좋으나 캔드라브라가 더러워질 수 있으므로 적당한 높이의 유리화기나 컨디셔닝할 때 꽃을 담는 플라스틱 물통 위에 올려놓고 꽂으면 편하다.
4. 줄아이비로 베이싱 처리한다.
5. 유칼립투스를 줄아이비 사이에 꽂아 작품의 폭을 결정한다.

1

2

3

4

5

6

7

8

9

6. 모두 다 꽂기에는 수국의 사이즈가 너무 클 경우 줄기를 잘라 나누어 사용한다.

7. 자른 수국 1대를 가운데 꽂아 꽃장식의 높이를 결정한다.

8. 수국을 90° 로 꽂으면 폭의 길이가 결정된다.
캔드라브라 위로 꽃이 올라가기 때문에 플로랄 폼이 보이지 않도록 아랫부분을 신경 써서 꽂는다.

9. 원형의 아웃라인이 결정되면 그 사이에 공간을 채우듯 수국을 넣는다.

10

11

12

13

14

15

10. 수국을 꽂은 후 빈 공간이 보이는 곳에 리시안서스를 꽂는다.
11. 리시안서스를 꽂은 후 덴파레를 꽂아 볼륨감을 준다.
12. 꽃과 꽃 사이에 줄아이비를 넣는다.
13. 중간 중간에 유칼립투스 폴리를 넣어 아랫부분의 그린 잎과 연결되는 싱그러운 느낌이 들도록 한다.
14. 플라스틱 물통 위에서 꽂은 센터피스가 완성되었다.
15. 완성된 꽃장식을 캔드라브라 위로 올린다.

완성된 캔드라브라 꽃장식

3-2 롱베이스

고깔 모양의 높은 베이스에 화이트 덴파레를 사용하여 부채형(fan shape)으로 꽂는 디자인이다. 풍성해 보이는 효과가 있다.

Ingredients

- 유칼립투스 폴리
- 화이트 덴파레

Design

1. 유리베이스의 입구와 크기가 맞는 플라스틱 받침을 준비하고,
   플로랄 폼을 3분의 1 크기로 자른 후 받침 위에 놓는다.
2. 방수 접착테이프를 사용하여 플로랄 폼과 플라스틱 받침을 고정한다.
3. 방수 접착테이프를 두 번 정도 둘러 단단히 고정한다.
4. 유리베이스에 플라스틱 받침을 올려놓고 직접 꽃을 꽂아도 좋지만 높이가 높아서 불편할 때는
   적당한 높이의 유리베이스나 컨디셔닝할 때 사용하는 물통을 뒤집어서 사용하면 더욱 편리하다.

1

2

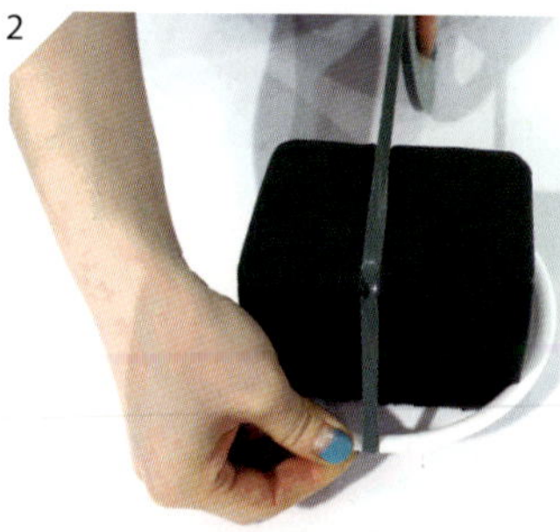

3

4

5

6

7

8

9

5. 45° 아랫방향으로 덴파레를 꽂아 작품의 폭을 결정한다.
6. 플로랄 폼 정가운데 덴파레를 꽂아 높이와 형태를 만든다.
7. 정가운데의 덴파레와 아랫부분에 꽂은 덴파레 사이에 가상의 라인을 생각하며 부채형(fan)으로 꽂는다.
8. 부채형이 되도록 덴파레를 한 대씩 추가한다.
9. 덴파레를 빼곡하게 꽂아 형태를 완성한다.

10

11

12

13

10. 덴파레 사이에 유칼립투스를 넣는다.
11. 덴파레 사이에 유칼립투스를 넣어 방사 대칭 형태로 완성한다.
12. 플라스틱 받침을 잘 들어 유리베이스 입구에 잘 맞도록 올려놓는다.
13. 플라스틱 받침이 있기 때문에 하객들이 꽃을 가져갈 때 물이 떨어지지 않으며 이동이 편리하다.

버진로드 입구장식과 테이블 장식의 컨셉을 맞추면 전체적인 통일감(unity)을 느낄 수 있다.

3-3 트리 스타일

Wedding in the Forest 컨셉으로 제작한 디자인이다. 1m 50cm 나무들에 수입 소재 그린후크를 별도의 워터픽 없이 묶어주고, 워터픽 채로 입고되는 화이트 덴파레를 사이에 꽂아주면 그린후크와 함께 24시간 정도 관상할 수 있다. 중간 중간의 행잉베이스에 티팟 초를 넣으면 마치 숲 속에서 식사를 하는 듯한 분위기를 연출할 수 있다.
실제 제작은 계절감을 표현하고자 여름 소재인 잎 설유화, 영춘화를 유칼립투스와 함께 사용하였다.

Ingredients

- 설유화
- 화이트 덴파레
- 영춘화
- 유칼립투스 폴리

Design

1. 나무틀의 모양을 정리한다.
2. 윗부분부터 철사를 사용하여 설유화를 나무틀에 묶는다.
3. 윗부분은 가벼운 소재인 설유화를 사용하여 나무 모양을 만든다.
4. 중간부분부터 조금 더 무게감이 있는 영춘화를 엮어준다. 윗부분부터 작업해야 줄기를 커버할 수 있다.

1

2

3

4

5

6

7

8

5. 나무의 형태가 되도록 꼼꼼히 유칼립투스 폴리를 묶는다.
6. 나무 중간 부분을 영춘화와 유칼립투스 폴리로 제작한다.
7. 나무의 형태가 되면 나무의 기둥 부분을 줄아이비로 감아 준다.
8. 나무의 기둥 틈으로 줄아이비를 넣어 고정한다.

9

10

11

12

9. 잎 소재와 나무틀에 덴파레를 워터픽 채로 묶는다.
10. 덴파레를 골고루 넣어 사방에서 꽃이 핀 듯한 느낌을 준다.
11. 나무와 줄기부분이 자연스럽게 연결되도록 아이비를 손질한다.
12. 카파와이어로 나무틀의 베이스를 고정한다. 행잉베이스 안에 초를 넣는다.

두세 시간만 사용할 경우 별다른 수분 공급 없이 제작 가능하고, 더 긴 시간을 장식할 경우에는 워터픽을 활용하여야 한다.

그린후크라는 수입 소재만을 사용하여 제작하였다. 24시간 정도는 워터픽 없이 물 스프레이만 잘 해주어도 관상의 문제가 없다.

3-4 한 가지 소재

한 가지 화훼 소재를 사용하여 핸드타이드 부케로 테이블 센터피스를 제작하는 방법이다. 누구나 손쉽게 할 수 있는 디자인으로 풍성한 느낌을 준다.

Ingredients

- 안개꽃
- 엽란
- 레이스리본
- 주자리본
- 양면테이프

Design

1. 베이스에 OPP(oriented polypropylene)를 넣는다.
   OPP는 크리스털 느낌을 내는 장식적 효과와 안개꽃을 고정해주는 기능적 역할을 한다.
2. 안개꽃의 단을 풀고 아랫부분의 꽃들을 잘라 정리한다.
3. 곧은 안개꽃 줄기를 정하여 중심축으로 한다.

1

2

3

4

5

6

4. 안개꽃을 핸드타이드 부케로 제작한다.
5. 중심축에 안개를 추가하며 방사형이 되도록 한다.
6. 안개꽃 핸드타이드가 완성되면 바이딩 포인트를 와이어로 단단히 묶는다.

7

8

7. 바인딩 포인트 아랫부분의 잎을
   깨끗이 제거한다.
   이때 정리하지 않고
   바로 유리베이스에 넣으면
   물이 더러워진다.
8. 안개꽃 핸드타이드를 유리베이스에
   꽂아준다.

투명 유리베이스라서 안개의 줄기 부분이 보이면 미관상 좋지 않을 수 있다. 줄기가 보이는 유리베이스 입구 부분을 엽란이나 폭이 넓은 리본을 사용하여 커버해 주면 상품적 가치가 높아진다.

Tip 베이스 장식하는 방법

1

3

4

5

2

레이스 리본으로 장식

1. 레이스 리본에 양면 테이프를 두른다.
2. 베이스에 양면 테이프을 두른 레이스 리본을 붙인다.
3. 리본을 베이스에 한 바퀴 둘렀을 때 오른쪽 손에 있는 리본이 위로 올라가게 묶는다.
4. 왼쪽 손에 있는 리본으로 오른쪽 링을 먼저 만들고,
   오른쪽 위로 보낸 리본이 아래로 내려와 가운데 매듭 링을 만든 다음,
   그 안으로 리본을 넣어 왼쪽 링을 만든다
5. 똑바른 일직선의 리본이 만들어진다.

엽란으로 장식

1. 엽란과 장식도구를 준비한다.
2. 엽란 잎 뒤쪽에 줄기가 시작되는 딱딱한 부분을 칼로 오려낸다.
3. 베이스에 양면테이프를 두른 엽란을 붙이고, 주자리본으로 묶는다.

1

2

3

3-5 철제 오브제

입구가 좁은 철제기물을 사용하여 상식한나. 날씬한 기둥과 좁은 입구는 꽃을 조금 꽂아도 전체적으로 슬림한 느낌이 들기 때문에 심플하고 깔끔한 이미지를 준다.

Ingredients

- 화이트 덴파레
- 유칼립투스 폴리

Design

1. 부케 홀더를 물에 담근다.
2. 철제 오브제와 홀더 사이에 공간이 있으면 오아시스 검을 사용하여 고정한다.
3. 부케 홀더를 철제 오브제에 꽂아 고정이 잘되었는지 확인한다.
4. 부케 홀더는 부케 제작용으로 나온 상품이기 때문에 테이블 꽃을 꽂기에는 플로랄 폼의 공간이 부족하므로 공간 배분을 잘 하여야 한다.
5. 홀더 아랫부분의 틈이 있는 곳에 덴파레를 꽂아 작품의 아랫부분 길이를 정한다.

1

2
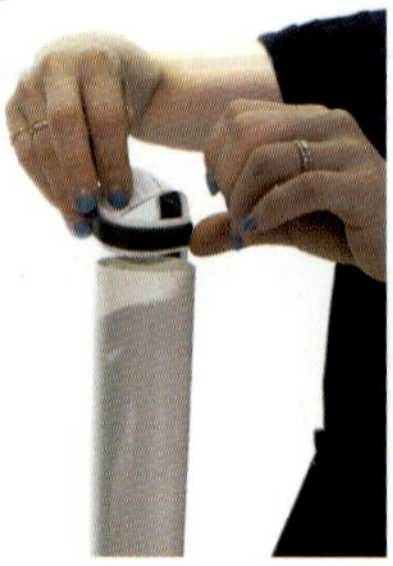

3
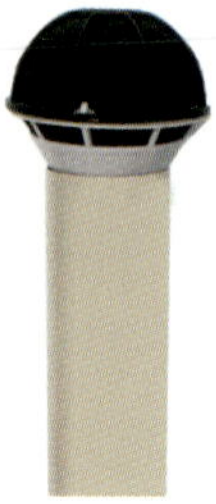

4

5

6

7

8

9

6. 덴파레의 윗부분 3분의 1 지점을 잘라 홀더 가운데에 꽂아 작품의 높이를 정한다.

7. 나머지 덴파레를 높이 부분과 길이 부분 사이에 적당하게 꽂는다.

8. 덴파레를 사방으로 꽂는다.

9. 덴파레 사이사이에 유칼립투스를 꽂아 빈 공간을 채운다.

10

11

10. 유칼립투스를 전체적으로 넣어 플로랄 폼이 보이는 부분을 가린다.

11. 철제 오브제에 꽂을 작품이 완성되었다.

Tip

철제 오브제의 키가 커서 직접 꽂기 불편할 때는 물을 담은 음료수 pet병을 이용한다. pet병 입구와 부케 홀더가 딱 맞게 들어가서 작업이 용이해진다. 또는 사이즈에 맞는 유리베이스에 꽂아도 좋다.

12

12. 부케 홀더 손잡이를 철제 오브제에 꽂는다.

04 신부대기실 디자인

신부대기실은 결혼식의 주인공인 신부가 한 시간 이상 여러 하객들을 맞이하고 기념 촬영을 하는 장소로 결혼식 전 설레고 떨리는 마음을 편안하고 안정되게 유지할 수 있도록 아름답게 꾸며진 공간이다. 신부대기실은 꽃장식이 너무 많으면 장소가 협소해 보일 수 있고, 또 너무 꽃장식이 없으면 허전해 보일 수 있어 적절한 공간연출이 필요하다. 많은 촬영이 이루어지는 장소이기 때문에 같이 사진을 찍는 하객들의 동선과 공간을 세심히 살펴야 한다.

Ingredients

- 핑크 수국
- 잎 소재(유칼립투스 폴리)
- 화이트 수국
- OPP(oriented polypropylene)

Design

1. 유리베이스에 OPP를 넣는다.
2. 곧은 줄기의 수국을 중심축으로 정한다.
3. 중심 수국 주위에 사선으로 수국을 첨가한다.

Tip 이때 너무 윗부분을 바인딩 포인트로 정하면 꽃이 뭉쳐져서 크기가 작아지고, 너무 아랫부분을 잡으면 꽃이 벌어진다.

1

2

3

4

5

6

4. 바인딩 포인트 지점을 와이어로 묶어 고정한다.
5. 바인딩 포인트 5㎝ 아랫부분을 한 번 더 와이어로 고정한다.
이렇게 두 번 고정하면 수국 꽃다발이 벌어지지 않고 너무 뭉치지도 않아서 안정적으로 고정된다.
6. 줄기 아랫부분을 사선으로 자른 다음 가운데 부분을 가위로 쪼개준다.
수국의 물올림이 좋아져 오랫동안 신선한 상태를 유지한다.

7

8

7. 같은 방법으로 화이트 수국도 제작한다.
8. 유칼립투스를 핸드타이드로 제작한다. 그린 잎 소재는 다양하게 선택할 수 있는데 유칼립투스 폴리나 부플레움(Bupleurum)을 사용하면 수국과 잘 어울린다.

핸드타이드로 제작해서 베이스에 꽂은 디자인

80㎝ 베이스에 플로랄 폼을 고정해서 풍성하게 꽂은 디자인

05 포토테이블 디자인

신랑 신부가 촬영한 사진을 놓는 테이블이다. 사진과 함께 꽃을 장식하고 아기자기한 액세서리와 높이가 있는 캔들을 두어 공간에 재미를 주기도 한다. 테이블 곳곳에 조그마한 티 라이트 초와 플로팅 초를 두면 은은하면서 우아한 포토테이블이 완성된다.

Ingredients

- 핑크 수국
- 아이비
- OPP(oriented polypropylene)

Design

1. 유리베이스에 OPP를 넣는다.
2. OPP를 넣은 후 유리베이스에 물을 채운다.
3. 유리베이스 윗부분에 사각모양의 OPP를 얹어 놓는다.
4. OPP 위에 플로랄 폼을 얹는다.
   플로랄 폼의 가루가 아래 베이스로 떨어지지 않게 하기 위해서 사각 OPP를 사용한다.

1

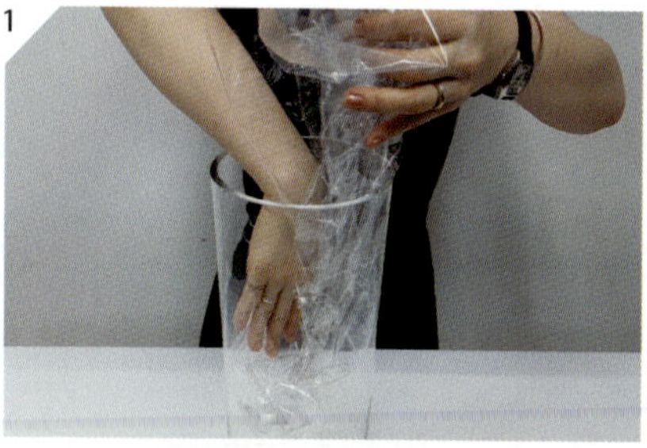

2

3

4

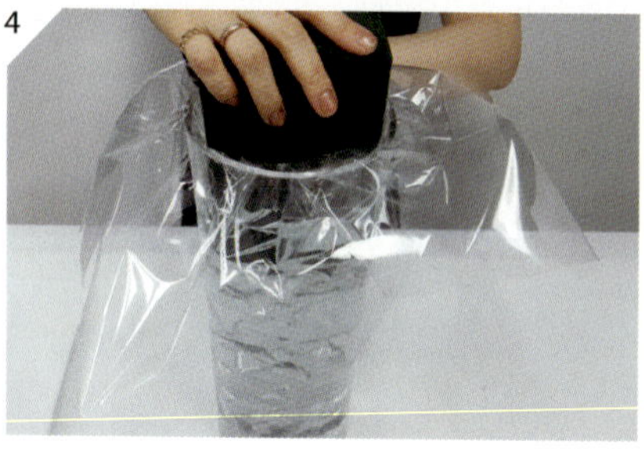

5
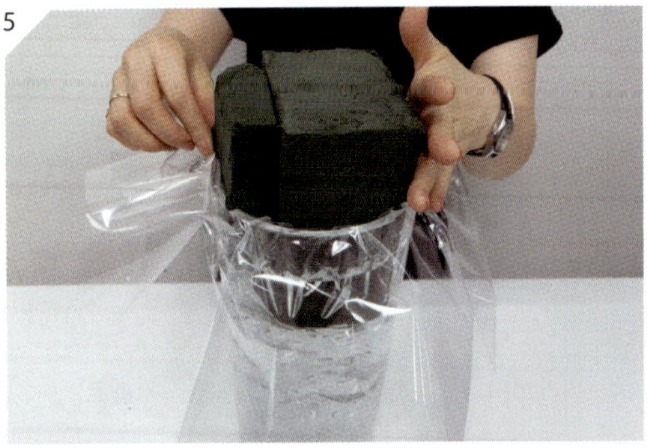

6

7
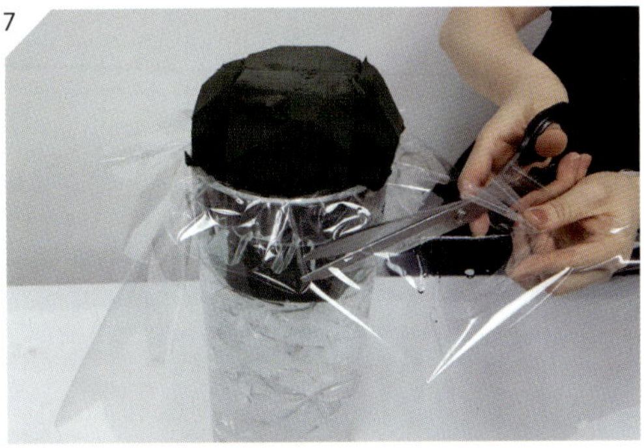

8

9

10

5. 플로랄 폼이 유리베이스 입구에서 흔들리지 않도록 고정한다.
6. 플로랄 폼의 각진 부분을 나이프로 잘라서 둥글게 만든다.
7. OPP를 유리베이스에 맞게 자른다.
8. 양 옆에 줄 아이비를 자연스럽게 흘러내리듯이 꽂는다.
9. 수국을 꽂아 높이와 넓이를 결정한다.
10. 정면 아래에도 수국을 꽂아 전체적인 크기를 정한다.

11

12

13

11. 수직과 수평으로 꽂은 수국의 왼쪽에 나머지 수국을 꽂는다.
12. 오른쪽도 왼쪽과 대칭을 이루게 수국을 꽂는다.
13. 수국의 원래 형태와 같이 전체적으로 동글동글한 이미지가 되도록 제작한다.

14

15

14. 줄 아이비를 수국 사이에 넣는다.
15. 아랫부분의 줄 아이비와 연결된 느낌이 나도록 꽂는다.

GB 1

06 케이크 디자인

본식이 끝나면 신랑 신부가 퇴장한 후 옷을 갈아입고 다시 입장하여 케이크 커팅, 메모리얼 캔들 점화와 건배제의를 한다. 이때, 주로 신부들은 2부용 드레스를 많이 입지만 한복을 입는 신부도 있다. 웨딩 2부 행사 때 신랑 신부가 손을 맞잡고 긴 나이프로 커팅하는 장면을 연출할 때 사용하는 케이크이다. 많은 하객들 앞에서 하는 이벤트이므로 케이크가 돋보이도록 꽃장식은 너무 화려하지 않게 웨딩홀 장식 컬러와 유사하게 장식한다.

Ingredients

- 플로랄 테이프
- 쿠킹호일 또는 랩
- 유칼립투스 폴리
- 리시안서스
- 그린색 수국

Design

1. 수국 1대를 적당한 크기로 자른다.
2. 리시안서스도 수국과 비슷한 크기로 자른다.
3. 유칼립투스 폴리도 길이에 맞게 자른다.
4. 자른 소재를 조립한다. 리시안서스와 수국을 작은 부케처럼 제작한다.

1

2

3

4

5

6

7

8

9

10

5. 유칼립투스 폴리를 넣는다.
6. 사이즈에 맞게 리시안서스와 수국을 첨가한다.
7. 음식물에 사용할 장식이므로 되도록이면 철사보다는 플로랄 테이프를 사용한다.
8. 케이크에 꽂기 좋은 적당한 길이로 3~4㎝가 되도록 자른다.
9. 플로랄 테이프로 감은 부분(케이크 속으로 들어가는 부분)을 쿠킹호일이나 랩으로 감싼다.
10. 쿠킹호일로 감싼 모습

11. 완성된 케이크 장식 중 가장 큰 사이즈를 3단 케이크 가장 윗부분의 정가운데 꽂는다.
12. 제일 작은 핸드타이드로 제작된 케이크 장식을 윗부분에 꽂는다.
13. 중간 크기의 케이크 장식을 다음 칸에 꽂는다.
14. 다음 크기의 장식을 맨 아랫부분에 꽂아 장식한다.

Tip 꽂는 방법은 제작자가 선호하는 방식으로 하면 되며, 정해진 규칙은 없다.
일직선보다는 리듬감을 주기 위해 지그재그로 장식하였다.

MOËT & CHANDON
CHAMPAGNE
FONDÉ EN 1743
MOËT & CHANDON
CHAMPAGNE

07 샴페인 잔 디자인

결혼식 2부 행사 때 케이크 커팅 후 사회자가 하객들에게 건배를 제의하는 샴페인 잔 꽃장식으로 사회자와 양가 부모님, 신랑 신부 이렇게 7명의 잔을 장식한다. 굳이 꽃이 아니더라도 비즈 장식을 병행해서 사용하기도 하며, 잔의 스템은 손으로 잡는 부분이므로 피하여 장식한다. 반다나 덴파레와 같이 크지 않은 양란 한 송이 정도의 사이즈가 적당하다.

Ingredients

- 리본
- 유칼립투스 폴리
- 보라색 반다
- 샴페인 글라스

Design

1. 반다와 유칼립투스 폴리를 한 송이씩 딴다.
2. 24번 와이어를 반으로 접어 U핀을 만든다.(화훼 소재에 따라 와이어를 선택한다.)
3. U핀을 반다에 끼운다.
4. 뒤쪽의 줄기 부분과 와이어를 함께 플로랄 테이프로 감는다.
   와이어를 사용하면 반다를 원하는 형태로 만들 수 있다.
5. 반다 뒤에 유칼립투스 폴리를 덧대고 플로랄 테이프로 감는다.
6. 보우를 선택하여 반다 앞 쪽에 대고 반다 줄기와 보우 와이어를 함께 플로랄 테이프로 감는다.

1

2

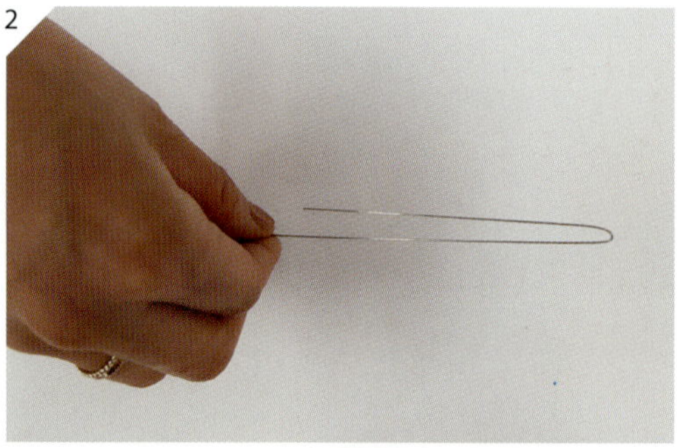

3

4

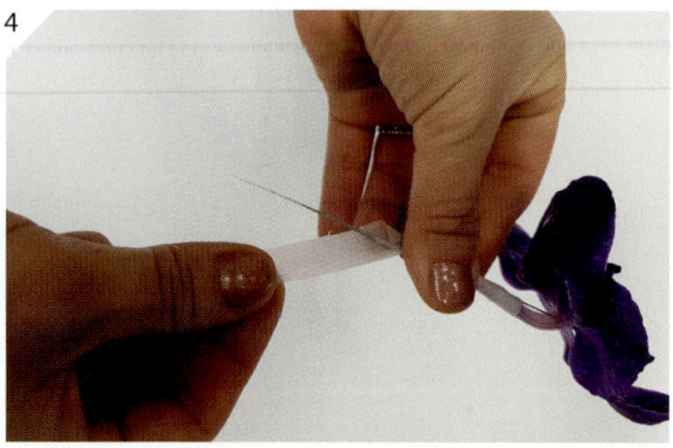

5

6

7

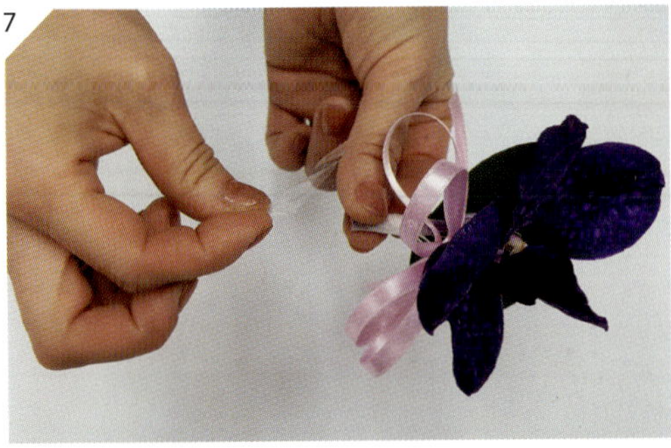

8

9

10

7. 투명 테이프를 준비한다.

8. 완성된 반다를 투명 테이프를 이용하여 샴페인 글라스에 붙인다.

9. 이때 샴페인 잔 손잡이 부분을 피해서 부착한다.

10. 완성된 샴페인 잔 꽃장식

08 마이크 디자인

예식을 원활하게 진행하기 위한 사회자용 마이크와 결혼식 축가용 마이크를 꽃장식한다. 하객들의 이목이 집중되는 자리인 만큼 세심하게 장식한다.

Ingredients

- 화이트 수국
- 화이트 리시안서스
- 유칼립투스
- 플로랄 테이프
- 리본

Design

1. 리시안서스와 수국을 짧게 자른다.
2. 자른 리시안서스와 수국을 함께 뭉친다.
3. 유칼립투스(그린 잎소재)를 꽃 옆에 덧대준다.

1

2

3

4

5

6

4. 화이트 플로랄 테이플로 바인딩 포인트를 감는다.
5. 마이크에 부착할 길이를 생각하며 플로랄 테이프로 감는다.
6. 코사지 보우 철사를 줄기와 같이 일자로 내린다.

7

8

9

7. 줄기와 철사를 함께 플로랄 테이프로 감는다.

8. 마이크에 부착할 수 있는 적당한 길이로 자른다.

9. 테이프 등을 이용하여 마이크에 부착한다.

09 부모님석 디자인

양가 부모님들이 결혼식이 진행되는 동안 앉는 좌석 앞의 테이블 위를 꽃으로 장식한다. 작은 핸드타이드 부케를 만들어 유리베이스에 꽂는다.

Ingredients

- 화이트 덴파레
- 화이트 수국
- 시베리아
- 유칼립투스 폴리
- 화이트 리시안서스
- 줄 아이비

Design

1. 유리베이스 안에 엽란을 두른다.
2. 중심이 되는 수국 주위에 줄 아이비를 넣는다.
3. 시베리아 세 송이를 그룹핑으로 넣는다.
4. 유칼립투스 폴리는 꽃과 꽃 사이에 넣어 고정하는 역할을 한다.
5. 화이트 덴파레는 꽃송이 부분이 보이도록 사선으로 잡는다.
6. 리시안서스도 두 세 송이를 그룹핑으로 함께 넣는다.

1

2

3

4

5

6

7

8

9

7. 줄 아이비를 부케 주변으로 둘러준다.

8. 바인딩 포인트 지점을 와이어로 묶는다.

9. 엽란을 두른 베이스에 핸드타이드 부케를 꽂는다.

10 접수대 디자인

결혼식장 입구에서 축의금을 받는 접수대 테이블을 장식한다. 이곳은 많은 사람들이 방문하여 축의금도 내고 방명록도 써야 하기 때문에 장식이 너무 크면 모두에게 불편함을 느끼게 한다.

Ingredients

- 그린 수국
- 화이트 수국
- 줄 아이비
- 화이트 장미
- 화이트 리시안서스
- 유칼립투스 폴리

Design

1. 화이트 수국과 그린 수국을 사선 방향으로 잡는다.
2. 수국 사이에 유칼립투스 폴리를 넣는다.
3. 장미를 그룹핑으로 넣는다.
4. 리시안서스를 장미의 사선 방향으로 넣는다.

5

6

7

8

5. 줄 아이비를 꽃 가장자리에 넣는다.

6. 바인딩 포인트를 와이어로 묶는다.

7. 베이스의 높이에 맞도록 줄기를 사선으로 자른다.
투명 베이스가 아닐 경우 엽란이나 리본으로 커버하지 않는다.

8. 접수 테이블은 사람들이 많이 모이는 장소이므로 꽃장식을 너무 크게 하면 불편한 상황이 발생한다.

11 냅킨 디자인

냅킨에 꽃을 한 송이씩 놓아 장식하는 것이 일반적이다. 인원이 많지 않을 경우에는 모양을 내거나 리본을 감아주는 등 장식에 신경을 쓰지만 보통 결혼식에는 많은 인원이 참석하기 때문에 주로 화이트 덴파레를 1송이씩 따서 냅킨에 올려 장식한다. 덴파레 이외에도 장미나 망개 열매, 심비디움, 리시안서스 등 다양한 화훼소재를 사용한다.

Ingredients

- 망개
- 왁스플라워
- 미니 장미(자나 장미)
- 옐로우 장미
- 화이트 덴파레

Design

골드 줄무늬 플레이트와 어울리는 노란색 장미를 올려놓는다.
인원이 많거나 준비 시간이 촉박할 경우에는
리본장식 없이 장미 한 송이만 놓아도 충분히 장식적 효과를 볼 수 있다.

Design

왁스플라워를 이용한 냅킨과 메뉴 장식이다.
동일한 컬러의 리본을 선택하여 줄기에 묶어서 연출한다.

Design

핑크색 미니 장미(자나 장미) 두 송이를 같은 컬러 계통의 리본으로 묶어 냅킨 위에 올려놓는다.

망개도 같은 컬러 계통의 리본으로 묶는다.

하객이 많을 경우 별다른 리본 장식 없이 덴파레를 줄기에서 따서 한 송이씩 메뉴 위에 올려놓으면 훌륭한 냅킨장식이 된다.

CHAP 2. 웨딩플라워 디자인 Wedding Flowers design

신부와 신부들러리들, 그리고 화동들을 위한 꽃장식이다. 신부가 드는 부케는 다양한 형태와 소재로 제작이 가능하며 개성과 취향을 생각한 유니크한 디자인이나 전통적인 클래식 부케, 한 가지 소재 또는 여러 소재를 혼합하여 사용하는 등 여러 형태로 제작이 가능하다. 신랑의 부토니어는 신부의 부케에서 한 송이 뽑아 신랑 옷깃에 꽂았다는 유래와 같이 일반적으로 부케와 같은 소재를 사용하여 만든다. 코사지는 양가 부모님, 주례자, 사회자를 위한 6개를 기본으로 한다. 화관이나 팔찌는 웨딩 2부 행사에서 신부가 착용하거나 신부들러리 또는 셀프웨딩 촬영 시 많이 사용하며, 그 밖에 어디든지 필요한 곳에 장식이 가능하다.

신부 부케

부토니어

코사지

화관

팔찌

플라워 샤워

화동바구니

링쿠션

의자 장식

1-1 신부 부케: 오뜨꾸띄르 부케

유니크한 디자인과 컬러를 표현할 수 있는 오뜨꾸띄르 부케는 한 사람만을 위하여 제작하는 특별한 맞춤 부케이다. 프렌치 부케인 만큼 인공적인 부자재의 사용을 최소화하고 자연 그대로의 아름다움을 표현하는 것이 특징이다. 핸들 부분도 자연소재를 사용하고 위쪽 또는 정면에서도 꽃이 잘 보이도록 제작하여야 한다.

Ingredients

- 베로니카
- 칼라
- 블러싱 브라이드
- 장미(오로라)
- 클레마티스
- 아스틸베
- 아이비

Design

1. 칼라의 줄기가 일자가 되도록 마사지 한다.
2. 곧게 세운 칼라를 중심축으로 하고, 키 차이가 많이 나지 않도록 하면서 아스틸베를 덧댄다.
3. 색이 다른 칼라를 아스틸베보다 살짝 아래쪽으로 배치한다.
   일자 형태로 층층이 내려가는 디자인임을 고려한다.
4. 부케를 돌려가며 아스틸베를 넣어 사방 형태가 같은 부케로 제작한다.
   오뜨꾸띄르 부케는 스파이럴이 아닌 패러럴로 제작하기 때문에
   꽃을 사이에 넣을 때 사선 방향이 되지 않도록 주의한다.
   손에 잡은 부케를 돌려가며 키 차이가 많이 나지 않게 점층적으로 삼각형 모양으로 커지게 만든다.

1

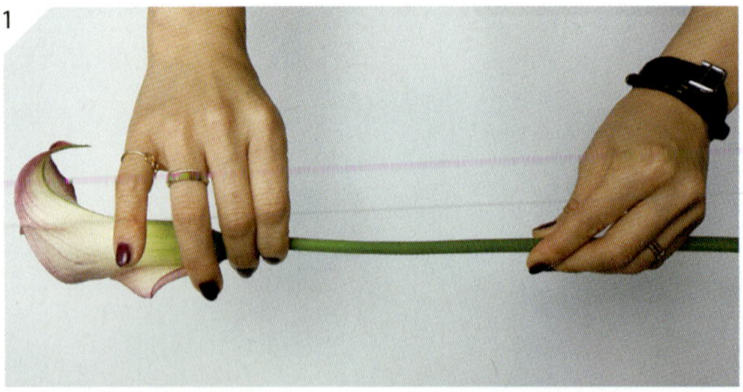

4

2

3

5

6

7

8

9

10

5. 위에서 아래로 점점 내려가면서 삼각형 모양을 만든다. 오로라 장미를 넣는다.

6. 사방에서 볼 때 꽃이 모두 잘 보여야 하므로 오로라 장미를 사방에 넣는다.

7. 장미 사이사이에 베로니카를 넣어 자연스럽게 흐르듯이 형태를 만든다.

8. 일반적인 핸드타이드 부케는 바인딩 포인트가 움직이면 안되지만 오뜨꾸띄르 부케는 패러럴방식으로 제작하기 때문에 꽃이 첨가될 때마다 바인딩 포인트를 살짝 아래로 움직이며 제작한다. 달리아를 넣는다.

9. 삼각형의 형태를 생각하며 블러싱 브라이드를 패러럴로 추가한다.

10. 비어 보이는 부분에 클레마티스를 꽃과 잎을 잘 보이도록 넣는다. 사방에서 볼 때 형태가 같도록 신경 써야 한다.

11. 부케 핸들 부분을 적당한 길이로 자른다.
12. 줄 아이비의 길이가 짧다면
두 줄기나 세 줄기를 연결한다.
13. 연결되어 길이가 길어진 줄 아이비
14. 줄 아이비의 아래 줄기를
부케의 꽃줄기 사이로 넣는다.
15. 꽃줄기 속에 줄 아이비를 넣어 끝부분을
감추고, 줄 아이비로 바인딩 포인트를
감는다.

11

12

13

14

15

16

17

18

19

20

16. 바인딩 포인트를 단단히 감아 부케가 풀어지지 않도록 꽉 고정한다.
17. 바인딩 포인트가 고정되면 핸들 부분을 줄 아이비로 감는다.
18. 감아 내려온 줄 아이비를 핸들 아랫부분에 감아 고정한다.
19. 남은 줄 아이비를 다시 핸들 윗부분으로 감는다.
20. 줄 아이비의 끝 부분을 부케핸들 꽃줄기 사이로 넣어 고정한다.

21

22

23

21. 달리아를 3~5㎝로 잘라 부케핸들에 넣는다.
이때 고정이 잘되지 않을 때는
핀이나 다른 자연소재를 사용한다.
(꽃과 핸들 줄기에 호엽란 잎을 묶어 주고
각각 서로의 호엽란 잎을 묶어 고정한다.)

22. 핸들 윗부분에도 달리아를 넣어
컬러의 흐름으로 리듬감을 준다.

23. 신부가 장시간 들고 있어야 하기 때문에
부케핸들이 한 손에 쏙 들어올 수 있도록
두껍지 않게 한다.

프렌치 부케는 마치 정원에서 꽃을 꺾어 다발로 묶은 것 같은 자연스러운 아름다움을 갖고 있어서 가든웨딩이나 정원과 무척 잘 어울리는 부케이다.

1-2 신부 부케: 샴페트르 부케

샴페트르(champetre)는 꽃과 잎을 묶어서 바람에 흩날리는 듯 자연스럽게 흐르는 형태의 부케로 마치 숲 속에서 수풀 향기를 맡고 있는 것 같은 싱그러움이 가득한 느낌을 준다.

Ingredients

- 라일락
- 헬레보루스(크리스마스 로즈)
- 줄 아이비
- 페니큠

Design

1. 줄기가 곧은 헬레보루스를 중심축으로 한다.
2. 중심축을 기준으로 두 세 송이의 헬레보루스를 첨가한다.
3. 라일락을 헬레보루스 사이에 넣는다.
4. 페니쿰을 넣어 싱그러움을 표현한다.

1

2

3

4

5

6

7

5. 스파이럴로 헬레보루스를 추가하여 부케의 형태를 만든다.

6. 페니큠을 넣어 부피감을 준다.

7. 소재를 적절히 사용하여 적당한 크기의 부케로 완성한다.
사방에서 보았을 때 꽃이 다 잘 보이도록 자연스러운 돔 형태로 제작한다.

8

9

10

8. 줄 아이비의 줄기 끝부분을 부케 줄기 안으로 넣어 고정한다.
9. 바인딩 포인트를 줄 아이비로 감아 단단하게 고정한다.
10. 숲 속 느낌이 날 수 있도록 하늘거리고 자연스러운 돔 형태로 완성한다.

샴페트르 부케는 패러럴이 아닌 스파이럴로 제작하기 때문에 부케핸들 끝부분까지 자연 소재를 감지 않아도 된다. 숲 속을 옮겨 놓은 듯 프레시(fresh)한 느낌의 부케 디자인이다.

1-3 신부 부케: 장미 부케

신부들이 선호하는 줄리엣 장미와 장녹수, 유칼립투스로 만든 핸드타이드 부케이다.

Ingredients

- 자리공(장녹수)
- 유칼립투스
- 줄리엣 장미
- 바인딩 와이어
- 플로랄 테이프
- 리본
- 가시제거기

Design

1. 가장 예쁘고 곧은 장미를 선택하여 중심축으로 정한다.
2. 중심축 장미의 사선 방향으로 장미를 첨가한다.
3. 장미와 장미 사이에 유칼립투스 폴리를 넣어 고정이 잘되게 한다.
4. 바인딩 포인트가 변하지 않도록 생각하며 제작한다.

5

6

7

8

5. 장미를 사선 방향으로 한 송이씩 더해간다. 중간에 장녹수를 넣어 자연스러운 원형을 만든다.

6. 줄기가 사선 방향인 스파이럴 부케를 완성한다.

7. 바인딩 포인트를 바인딩 와이어로 단단히 묶는다.

8. 부케와 손잡이가 1:1 비율이 되도록 줄기를 사선으로 자른다.

9

10

11

12

9. 바인딩 포인트를 철사로 묶고 플로랄 테이프로 감는다.

10. 부케 손잡이 부분을 플로랄 테이프로 감싼다.

11. 플로랄 테이프로 감싼 부분을 4㎝ 폭의 리본으로 감싼다.

Tip 일정한 길이의 리본을 남기고 감기 시작한다. 아래로 내려갔다가 다시 손잡이 방향으로 올라가며 감는다.
줄기 끝까지 감으면 부케에 수분공급이 어려워 시들 수 있기 때문에
줄기 끝부분을 조금 남기고 리본을 감아준다.

12. 아래에서 감아온 리본이 바인딩 포인트까지 오면 처음 남겨 두었던 리본과 묶어준다.

13. 오른쪽 손에 있는 리본이 위로 올라가게 한다.
14. 왼쪽의 리본으로 오른쪽 링을 만들고 오른쪽 위에 올라가 있던 리본으로 가운데 매듭 링을 만든 다음 다시 한 바퀴 돌려서 한 번 더 가운데 매듭 링을 만든다.
15. 가운데 링을 만든 리본의 아랫부분으로 다시 링을 만든다.
16. 만든 링을 매듭 링 사이로 넣어 왼쪽 링을 만든다.

13

14

15

16

17

18

19

17. 앞부분의 링으로 크기를 조절한다.
18. 크기가 결정되면 보우의 뒤쪽 링을 만든 리본을 잡아당겨 고정한다.
19. 이렇게 리본을 접으면 앞뒷면이 다른 리본을 사용하였을 경우에도 매끄러운 리본의 앞면만 보이는 보우가 완성된다.

1-4 신부 부케: 가든 부케

가든 부케는 셀프웨딩이나 야외웨딩을 할 때 많이 선호하며, 마치 들판의 꽃을 한 묶음 가져온 듯 자연스러움을 연상시키는 부케이다. 이 디자인은 인위적이기보다는 소재들의 특징을 살려서 원래의 꽃 자체가 가지고 있는 아름다움을 극대화시키는 것이 중요하다. 스파이럴 각도를 크게 하고, 크기가 다른 부케에 비해 큰 것을 감안해서 바인딩 포인트를 아래로 잡고, 잎 소재를 많이 사용하여 만드는 볼륨감이 풍성하고 내추럴한 부케이다.

Ingredients

- 클레마티스
- 줄 아이비
- 영춘화
- 목수국
- 스카비오사
- 유칼립투스
- 베로니카
- 페니쿰
- 오르니소갈럼
- 유니폴라
- 헬레보루스

Design

1. 가장 크고 곧은 목수국을 선택하여 중심축으로 정한다.
2. 중심축 옆에 사선 방향으로 유칼립투스를 넣는다. 수국에 유칼립투스를 사용하면 고정이 잘되는 역할을 한다.
3. 오르니소갈럼 같이 꽃 얼굴이 큰 순서부터 넣는다.
4. 영춘화와 줄 아이비를 꽃과 잎 소재 사이에 사선 방향으로 넣는다.

1

2

3

4

5

6

7

8

5. 클레마티스는 꽃과 잎이 모두 예쁜 소재로 자칫 거칠어 보일 수 있는 선을 부드럽게 연출해준다.

6. 페니쿰을 넣어 여린 느낌을 연출한다.

7. 스카비오사를 꽃과 잎 사이에 사선 방향으로 넣는다.

8. 바깥쪽으로 유니폴라를 첨가한다.

9. 완성된 부케를 바인딩 와이어로 묶는다.

10. 와이어로 묶은 부분을 리본으로 다시 묶고 보우를 만든다.

가든 부케는 장식적 효과면에서 스템을 리본으로 가리는 것보다 내추럴하게 두는 것이 더 좋다.

9

10

1-5 신부 부케: 히아신스 부케

꽃에는 전설이 있게 마련인데 히아신스는 그리스의 아름다운 청년 Hyacinthus의 영혼이 담긴 꽃이라고 한다. 그 어떤 꽃보다도 달콤하고 그윽한 향을 지니고 있다. 단일 화훼소재를 사용하지만 히아신스의 꽃송이가 풍성하여 화려하면서도 심플한 느낌을 동시에 느낄 수 있다. 꽃 부분이 무겁고 줄기가 약해서 와이어를 인서션해서 작업해야 한다.

Ingredients

- 유칼립투스
- 히아신스
- 유니폴라

Design

1. 히아신스와 같이 줄기가 굵고 약한 화훼는
   18번이나 20번 철사를 이용하여 인서션법(insertion method)으로 제작한다.
   와이어링을 하지 않을 경우 시간이 경과하면 줄기가 구부러져서 꽃이 아래로 향한다.
2. 인서션 한 와이어를 줄기에 맞게 자른다.
3. 패러럴 방식으로 제작한다.
4. 곧은 줄기의 히아신스를 중심축으로 정한다.
5. 히아신스를 추가하며 일자로 제작한다.

1

2

3

4

5

6

7

8

9

6. 줄기를 일직선으로 잡는다.
7. 윗부분은 원형을 유지하도록 한다.
8. 유니폴라를 히아신스 사이에 넣는다.
9. 유칼립투스 폴리로 베이싱한다.

10

11

12

13

14

15

10. 부케가 완성되면 라피아를 준비한다. 줄기가 약한 꽃을 바인딩 와이어로 묶으면 줄기가 부러진다.

11. 적당한 길이의 라피아를 남기고 왼손 엄지손가락 아래로 라피아를 넣는다.

12. 엄지손가락 위로 나온 라피아로 바인딩 포인트를 감는다.

13. 라피아로 바인딩 포인트를 한 번 더 감는다.

14. 감아서 앞쪽으로 온 라피아를 잡는다.

15. 엄지손가락을 뺀다. 엄지손가락이 있던 자리에 고리가 생긴다.

16. 동그란 고리에 줄기를 감아 다시 돌아온 끈을 넣는다.
17. 고리에 넣은 끈과 처음 남겼던 끈을 잡아당기면 단단한 매듭이 생긴다.
18. 줄기 아랫부분도 라피아로 묶어준다.

16

17

18

19. 부케핸들을 리본으로 감싼다. 리본 뒷면이 보이게 하고 적당한 길이를 남기고 아래로 감아 내려간다.
20. 줄기의 맨 아랫부분은 감지 않는다.
21. 리본 앞면이 보이도록 살짝 비틀어 꼬아준다.
22. 리본 앞이 보이도록 감아 올라온다.
23. 감아 올라온 리본과 처음 남겼던 리본으로 매듭을 묶는다.
24. 부케 보우를 만든다.

19

20

21
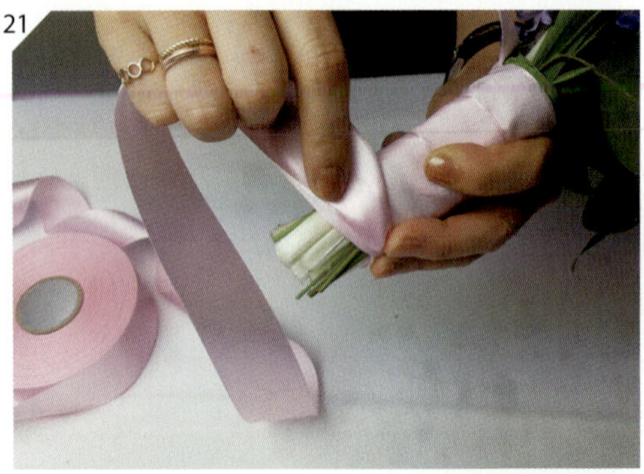

22

23

24

1-6 신부 부케: 호접란 와이어링 부케

꽃 모양이 나비를 닮은 호접란을 와이어링해서 고급스럽고 우아한 자태의 아름다움을 간직한 부케이다. 와이어링으로 부케를 작업하면 호접란 한 송이 한 송이의 아름다움을 감상할 수 있으며 원하는 형태를 만들기도 용이하다.

Ingredients

- 플로랄 테이프
- 리본
- 티슈
- 철사
- 영춘화
- 화이트 호접란
- 분무기

Design

1. 호접란을 한 송이씩 자른다.
2. 호접란을 와이어로 찔러 고정한다.
3. 호접란 줄기와 와이어를 핸드타월이나 티슈를 적당한 사이즈로 잘라 감싼다.
4. 수분을 공급하기 위해 감싼 티슈를 물로 적신다.

1

2

3

4

5

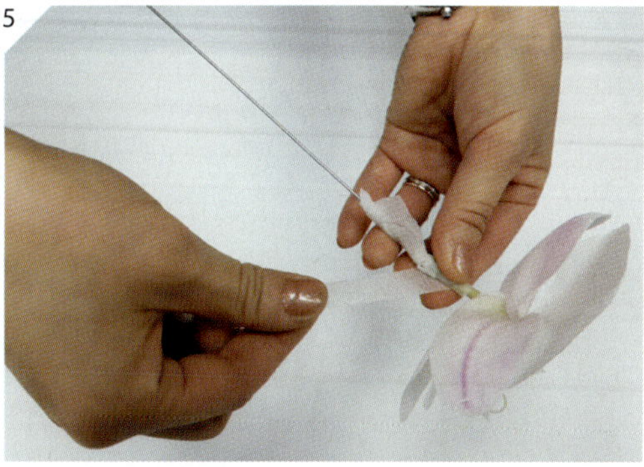

6

7

8

9

10

5. 물이 빠지지 않도록 조심스럽게 플로랄 테이프로 감는다.
이때 플로랄 테이프를 너무 세게 잡아당기면 물이 다 빠져 수분이 공급되지 않는다. 힘 조절을 잘 하여야 한다.
6. 24번 철사를 영춘화 줄기 부분에 가져간다.
7. 철사를 반으로 접는다.
8. 반으로 접은 철사를 줄기에 감는다. 영춘화는 트위스팅법(twisting method)으로 처리한다.
9. 영춘화에 티슈를 대고 물로 적신다.
10. 물이 흐르지 않도록 주의하며 플로랄 테이프를 감는다.

11

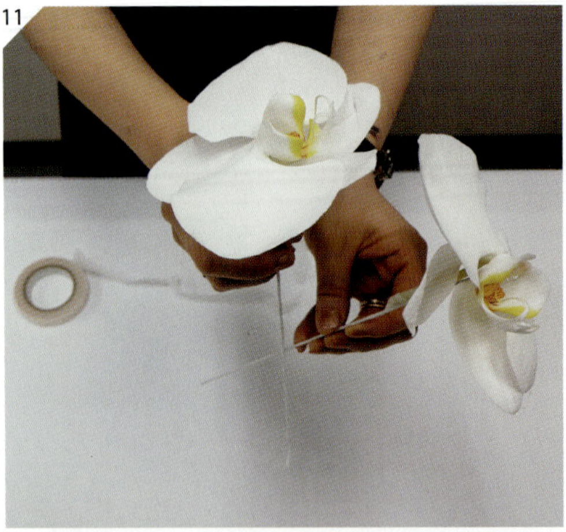

12

13

14

11. 가장 예쁜 호접란 송이를 골라 중심축으로 한다.
12. 중간에 영춘화를 넣는다.
13. 호접란을 한 송이씩 추가한다.
14. 부케가 원형이 되도록 호접란을 사방에서 넣는다.

15. 부케가 완성되면 바인딩 포인트를 철사로 묶고 플로랄 테이프로 감는다.
16. 부케핸들을 손에 잡아보고 손 밖으로 3~4㎝ 나오는 부분을 길이로 결정한 다음 나머지 부분을 자른다.
17. 와이어링 부케는 자른 부분이 철사이므로 신부가 다치지 않도록 끝부분까지 플로랄 테이프로 둘러준다.

15

16

17

18. 핸들 부분이 철사이기 때문에 그립감이 좋지 않으므로 핸드타월이나 티슈로 손잡이 부분을 감싼다. 이때 티슈를 너무 많이 사용하면 핸들이 두꺼워져서 신부가 들기 불편하므로 적당한 양을 사용한다.

19. 티슈로 감싼 부분을 플로랄 테이프로 감는다.

20. 적당한 길이를 남긴 후 리본으로 핸들 아랫부분까지 감싼다.

18

19

20

21

22

23

24

21. 리본으로 아래 손잡이 끝부분을 감싸고 접듯이 하여 처음 시작점으로 올라온다.
22. 리본 앞면이 보이도록 감아 내려간다.
23. 핸들 끝 부분에서 촘촘히 감은 후 리본을 다시 감아 올라온다.
24. 감아 올라온 리본과 처음 남긴 리본으로 매듭을 만든다.

25

26

27

28

25. 오른쪽 링을 만들고
매듭 만드는 링을 두 번 돌린다.
26. 두 번 돌리고 아래로 온 리본을
가운데 매듭고리에 넣어
왼쪽 링을 만든다.
27. 보우 사이즈가 결정되면
양쪽 링 뒷부분을 세게 잡아당겨
고정한다.
단면 리본일 경우에
리본 앞면만 나오는 보우가 완성된다.
28. 완성된 모습

1-7 신부 부케: 작약 부케

꽃송이가 크고 탐스러워서 함박꽃이라고도 불리는 작약의 꽃말은 "수줍음"이다. 마치 결혼식을 올리는 새 신부의 부끄러움을 표현해주는 것 같아서 신부 부케로 많은 사랑을 받고 있다. 작약은 우리나라 여성들이 가장 좋아하는 꽃 중의 하나이며 4월에서 6월까지 짧은 기간 동안에 볼 수 있고, 수입 작약은 사계절 모두 구입이 가능하다. 작약과 산딸나무를 사용하여 6월의 싱그러움을 표현하였다. 겨울에는 꽃에 눈이 내려앉은 것 같다고 하여 백묘국이라 불리는 더스티밀러(Dusty miller)를 사용하여 제작하면 독특한 질감과 따스한 느낌으로 계절감을 마음껏 즐길 수 있다.

1-8 신부 부케: 부바르디아 부케

사랑스럽고 단아한 부바르디아의 꽃말은 "나는 당신의 포로"이다. 심플하고 깔끔한 느낌을 선호하는 신부들에게 화이트와 핑크 컬러 모두 사랑 받는 부케 소재이다.

1-9 신부 부케: 칼라 부케

우아하고 고급스러운 분위기를 연출하기에 적합한 칼라의 꽃말은 "열정"이다. 심플하면서 빈약해 보이지 않고 이름만큼이나 컬러가 아름답고, 꽃말처럼 꽃 모양이 열정적이다. 관상부위인 꽃은 잎이 변형된 화포(Spathe)이다. 수입 칼라를 사용하면 사계절 모두 제작 가능한 부케로 페니쿰을 함께 사용하여 은은한 느낌을 표현하였다.

02 부토니어

부토니어는 남자의 정장 또는 턱시도 좌측 상단에 꽂는 꽃이다. 신랑으로부터의 구혼에 대한 승락의 표시로서 신부의 부케에서 한 송이 뽑아 양복의 가슴에 꽂는 것이 시초라고 알려져 있다.

Ingredients

- 너도밤나무 열매
- 화초 고추
- 유니폴라
- 유칼립투스 씨드
- 아이비
- 스카비오사
- 영춘화
- 장미
- 헬레보루스
- 화이트 호접란
- 유칼립투스 폴리
- 부바르디아

Design

1. 장미를 4㎝ 길이로 자른다.
2. 20번 철사로 장미의 목 부분을 관통시키고, 와이어를 두 가닥이 되게 밑으로 구부린다.
   (피어스법, pierce method)
3. 플로랄 테이프로 줄기와 철사 부분을 감는다.

1

2

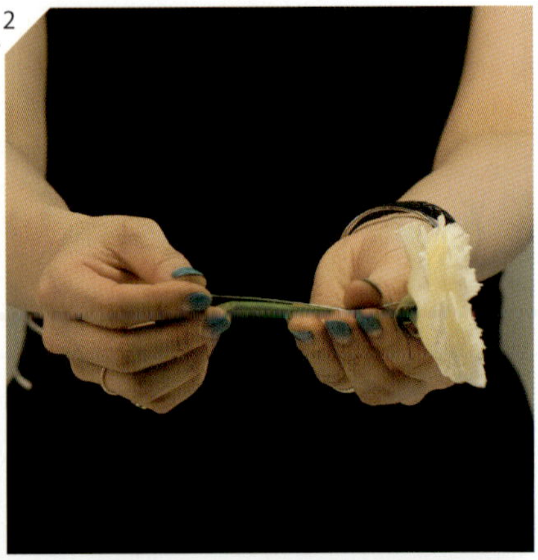

3

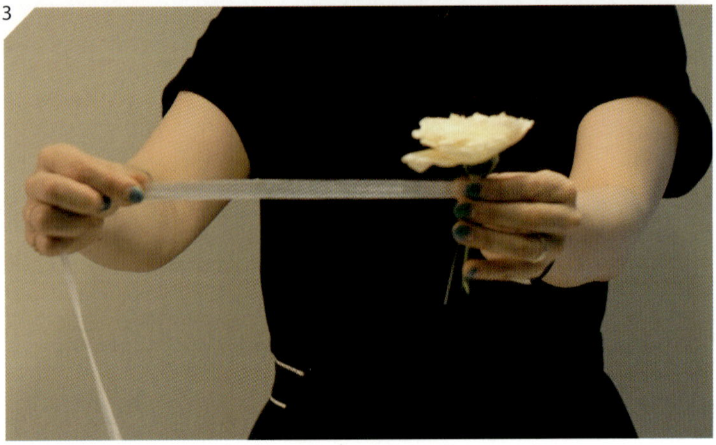

4

5

6

7

4. 유칼립투스 폴리(잎 소재)를 장미 뒤에 배경으로 덧댄다.
5. 장미 줄기와 유칼립투스 줄기를 함께 플로랄 테이프로 감는다.
6. 적당한 길이로 자른다.
7. 자른 아랫부분을 플로랄 테이프로 다시 감아준다.
리본을 감을 때 좀더 편하게 사용하기 위해서이다.

8

9

10

11

12

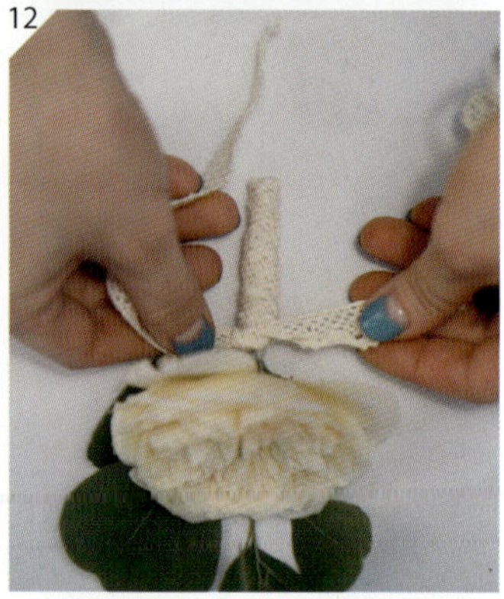

13

8. 레이스 리본을 15㎝ 정도 남기고 감기 시작한다.
9. 리본을 아랫부분까지 내려 줄기와 일체가 되도록 접는다.
10. 장미 목 부분으로 올라온 리본을 플로랄 테이프가 보이지 않도록 사선 방향으로 감아 내려간다.
11. 아래에서 다시 촘촘하게 리본을 감아 올라온다
12. 올라온 리본과 처음에 남겨 두었던 리본으로 매듭을 만든다.
13. 장미와 잘 어울리는 보우를 만든다.

부토니어와 신랑의 옷은 자석과 핀을 사용하여 고정한다. 요즘은 핀이 옷에 손상을 주기 때문에 자석을 선호하는 편이다. 부토니어는 일반적으로 신부 부케와 동일한 소재를 사용하여 제작한다.

03 코사지, 코르사주

결혼식 때 양가 부모님과 주례자, 사회자 등 6명이 가슴에 다는 꽃이다. 일반적으로 신부 부케를 주문하면 부토니어와 코사지 6개가 포함되어 있다.

Ingredients

- 쿠르쿠마
- 화초 고추
- 칼라
- 유니폴라
- 장미
- 망개
- 미니장미
- 유칼립투스 폴리
- 보라색 반다
- 에키놉스

Design

1. 칼라를 5㎝ 길이로 자른 다음 20번 철사로 칼라 줄기를 관통한다.
   인서션법(insertion method)은 칼라나 히아신스 같이 줄기가 잘 부러지거나 속이 비어있어 줄기가 약한 꽃을 이용하고자 할 때 사용한다.
2. 칼라 두 송이를 키가 다르게 잡는다.
3. 플로랄 테이프로 칼라의 줄기를 감아 두 줄기를 고정한다.
4. 칼라의 뒤쪽에 그린 잎 소재를 대고 같이 플로랄 테이프로 감는다.

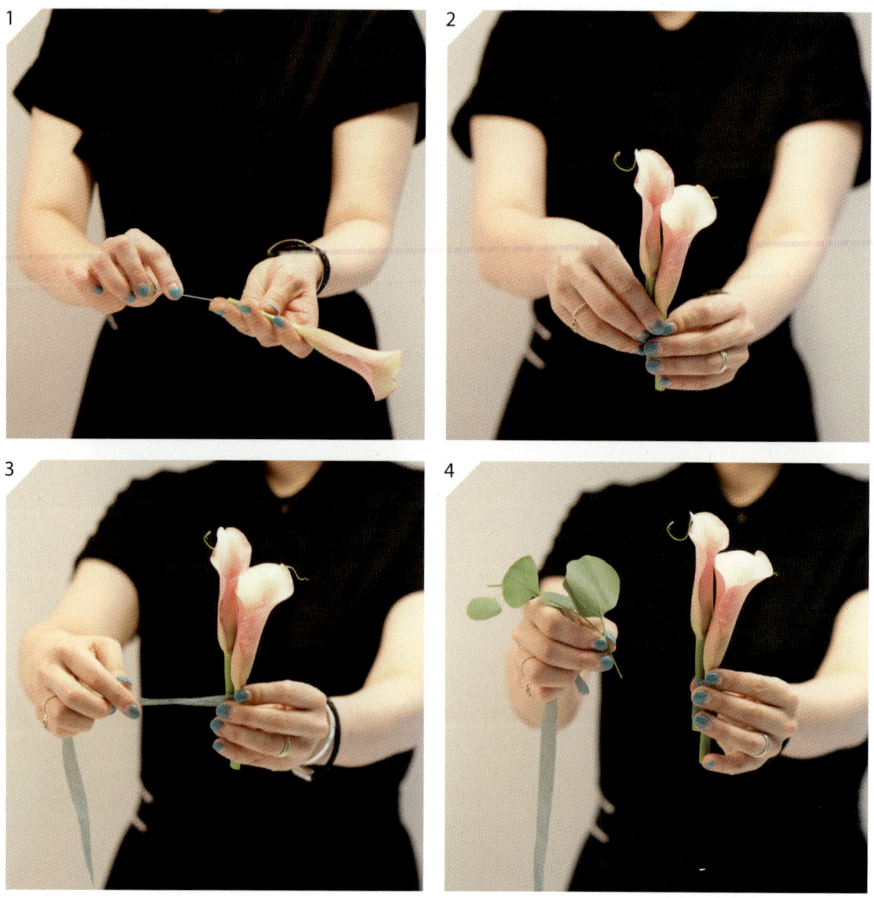

5

6

7

8

5. 프렌치 보우를 꽃 정면 아래에 대고 보우 와이어와 줄기를 함께 플로랄 테이프로 감는다.
6. 코사지 뒷면에 자석을 댄다.
7. 플로랄 테이프로 자석을 고정한다.
8. 칼라와 영춘화, 왁스플라워를 사용한 코사지가 완성되었다.

● 칼라, 유칼립투스 폴리　● 쿠르크마, 화초고추　● 반다, 에키놉스, 유니폴라
● 레드 장미, 망개, 유칼립투스 폴리　● 미니장미(자나), 망개

04 화관

신부나 신부들러리, 어여쁜 화동들이 웨딩 또는 웨딩촬영을 할 때 소품으로 가장 많이 사용하는 헤어 장식이다.

Ingredients

- 미니장미
- 천일홍(엔틱천일홍)
- 에키놉스
- 고추열매
- 유칼립투스 폴리
- 왁스플라워

Design

1. 철사를 머리에 둘러질 정도의 길이로 연결한다. 그린색 플로랄 테이프로 감는다.
2. 처음 시작부분에 고리 모양을 만들고 플로랄 테이프로 감는다.
3. 플로랄 테이프가 감긴 철사 위에 유칼립투스 폴리를 덧대며 플로랄 테이프를 감는다.
4. 왁스플라워를 철사에 감는다.
5. 천일홍을 플로랄 테이프로 감아 고정한다.

1
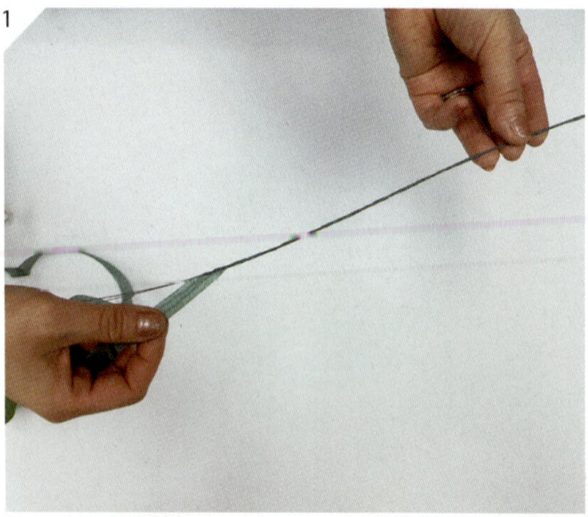

2
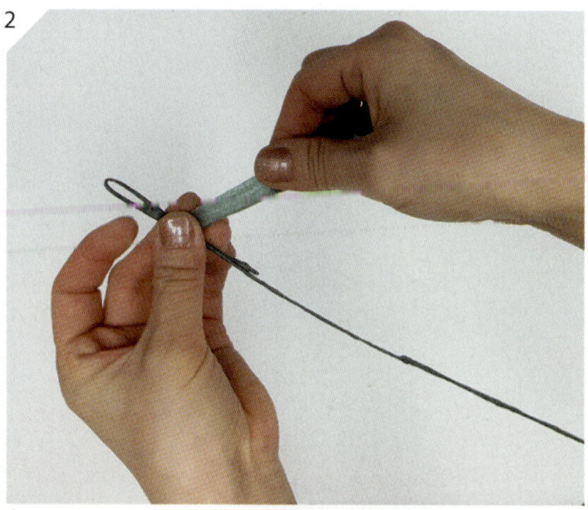

3

4

5

6

7

8

9

6. 엔틱 천일홍과 미니장미를 넣는다.

7. 왁스플라워를 넣는다.

8. 에키놉스를 넣는다.

9. 화초고추를 넣어 차례차례 얹은 후 플로랄 테이프를 감는다.

10. 구부러지는 부분은 소재를 촘촘히 넣는다.
11. 처음과 끝의 고리에 리본을 넣어 묶는다.
12. 리본으로 길이를 조절하여 머리에 착용한다.

10

11

12

COOPER
In A JULIAN BLAUSTEIN PRODUCTION
OF THE
GUEST STARS
MICHAEL REDGRAVE
CECIL PARKER
Directed by

05 팔찌

브라이덜 샤워(예비신부와 친구들의 파티)에서 신부와 신부 친구들이 자주 애용한다. 가든웨딩이나 예식 2부 행사 때 신부 또는 신부들러리들이 주로 착용하는 장식품이다.

Ingredients

- 영춘화
- 왁스플라워
- 리시안서스
- 부바르디아
- 망개

Design

1. 손목에 두를 수 있도록 철사의 길이를 정한다.
   처음 시작부분에 고리 모양을 만들고 플로랄 테이프로 감는다.
2. 철사 위에 영춘화를 덧대고 플로랄 테이프로 감는다.
3. 다시 철사 위에 왁스플라워를 얹어 플로랄 테이프로 감는다.
4. 모양이 좋은 리시안서스를 골라 플로랄 테이프로 감는다.
5. 망개, 부바르디아 등 화훼소재를 차례차례 올려서 제작한다.

1
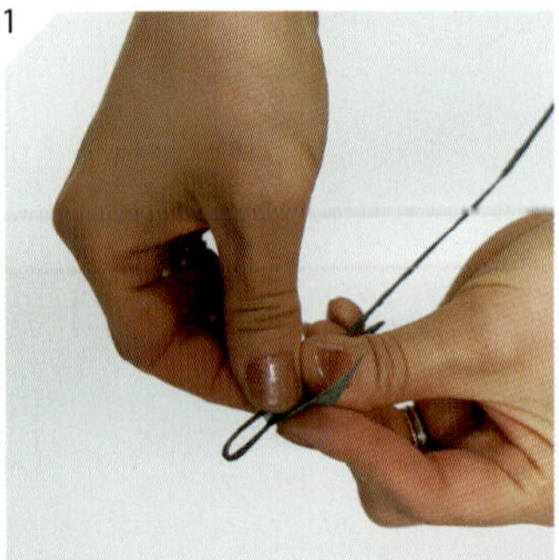

2

3

4

5

6

7

8

9

6. 처음과 끝부분의 고리에 리본을 넣는다.
7. 고리에 넣은 리본을 묶는다.
8. 양쪽 고리에 있는 리본으로 팔목을 묶어 길이를 조절한다.
9. 손목에 착용한 모습

06 플라워 샤워

신랑 신부가 1부 예식을 마치고 행진할 때 친구들이 버진로드 양쪽에 서서 신랑 신부에게 꽃잎을 뿌리는 이벤트가 진행된다. 이때 사용되는 꽃잎과 꽃잎을 담는 고깔 모양의 포장지를 만들어본다.

Ingredients

- 포장지
- 도일리(doily, 작은 장식용 깔개) 페이퍼
- 리본
- 양면테이프
- 장미 꽃잎

Design

1. 포장지를 가로, 세로 20~25㎝로 자른 다음 사선으로 포장지를 두고 한 쪽 면을 잡아 고깔 모양을 만든다. 고깔 아래 부분을 뾰족하게 만들고 투명테이프로 고정한다.
2. 고깔의 입구는 어른 손이 들어갈 수 있는 크기로 만든다.
3. 도일리 페이퍼에 양면테이프를 붙인다.
4. 고깔 앞면을 도일리 페이퍼로 장식한다.
5. 얇은 리본으로 링을 하나 만든다.
6. 도일리 페이퍼 위에 리본을 놓고 투명테이프로 붙인다.

1
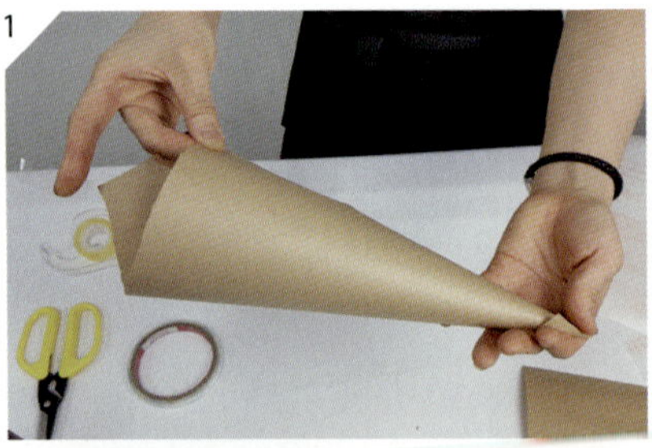
2
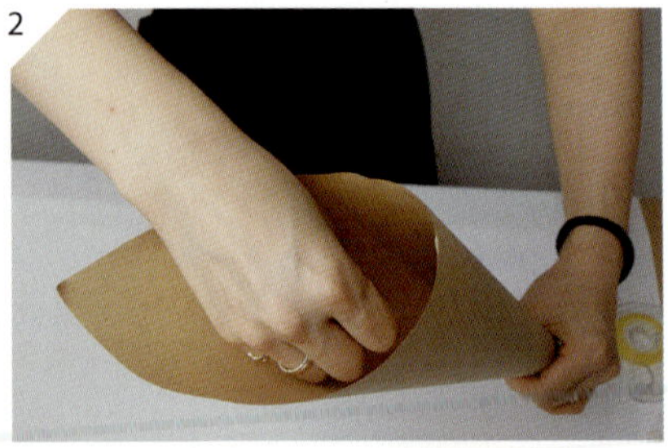
3

4
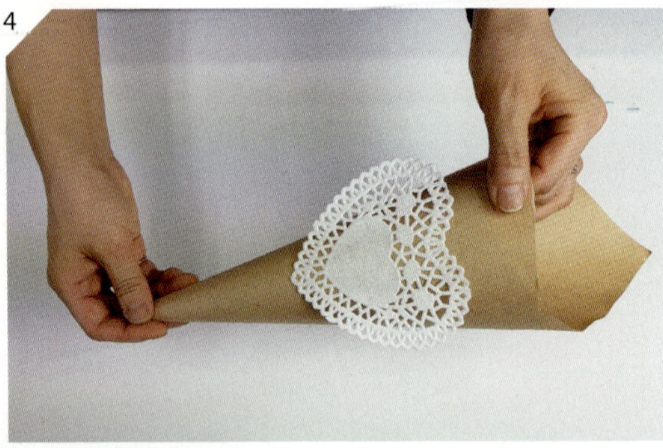
5
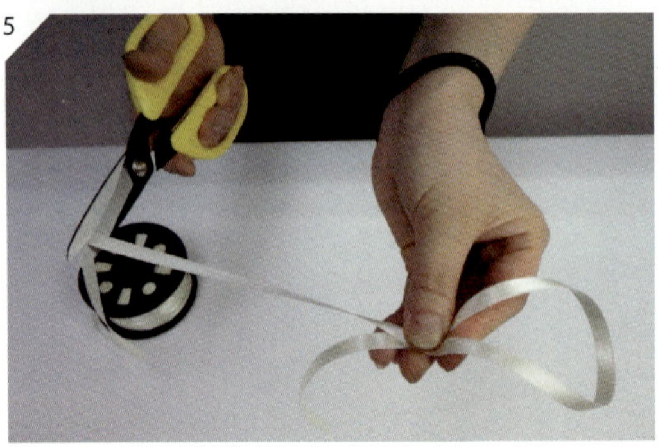
6

7. 장미의 얼굴과 줄기 부분을 잡는다.
8. 잡은 꽃과 줄기를 꺾어서 분리시킨다.
9. 꽃가루를 털어내고 고깔에 장미 꽃잎을 담는다.

07 화동바구니

신부가 입장할 때나 신랑 신부가 퇴장할 때 아이들이 꽃잎을 뿌려주며 축복하는 데 사용하는 꽃잎을 담는 바구니이다. 손잡이가 긴 바구니는 어린 아이들이 불편해하므로 손잡이가 낮은 바구니를 준비한다.

Ingredients

- 바구니
- 도일리 페이퍼
- 리본
- 포장지

Design

1. 바구니의 둘레 길이를 측정한다.
2. 길이가 결정되면 자른 리본에 양면테이프를 붙인다.
3. 양면테이프가 부착된 리본을 바구니에 두른다.
4. 리본의 끝부분이 손잡이 옆쪽으로 오게 한다.
5. 하트 모양 도일리 페이퍼에 양면테이프를 부착한다.
6. 바구니의 앞면에 도일리 페이퍼를 붙인다.

1

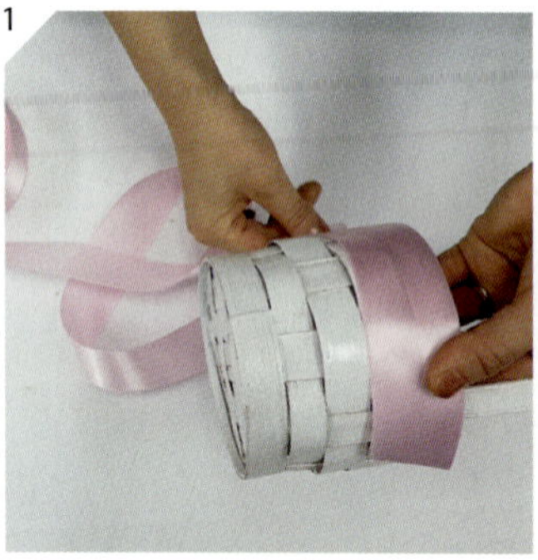

2

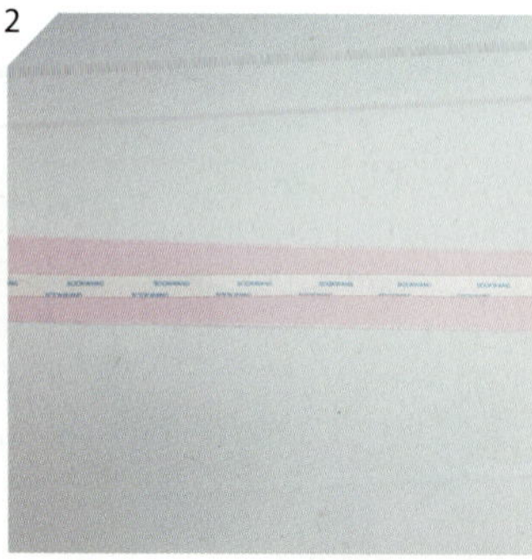

3

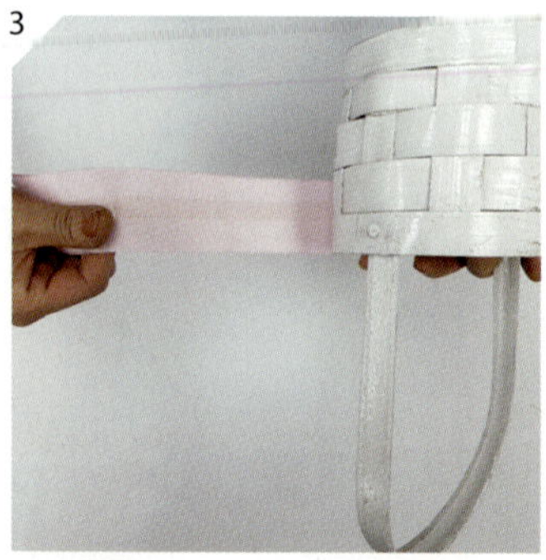

4

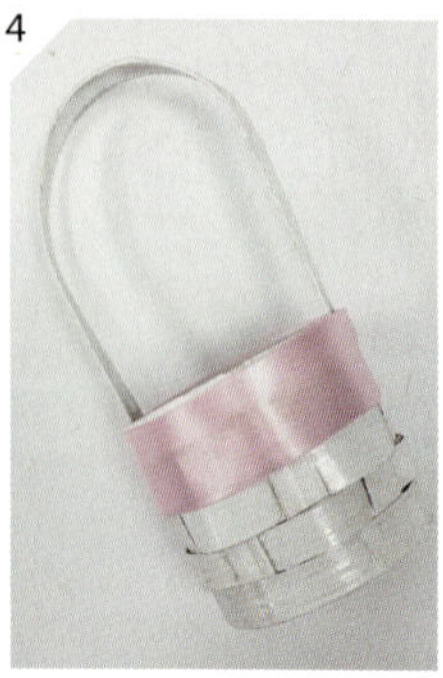

5

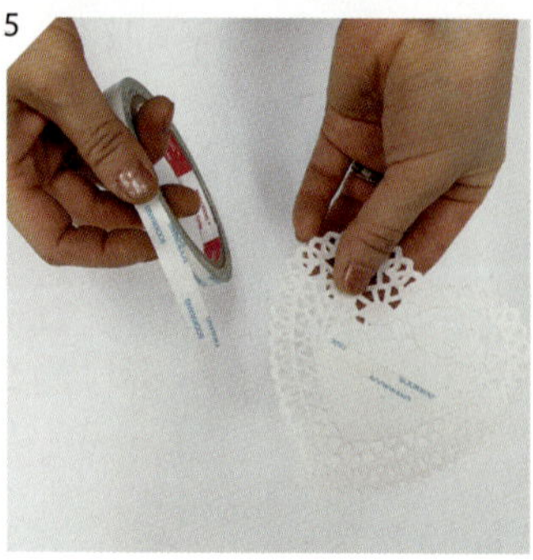

6

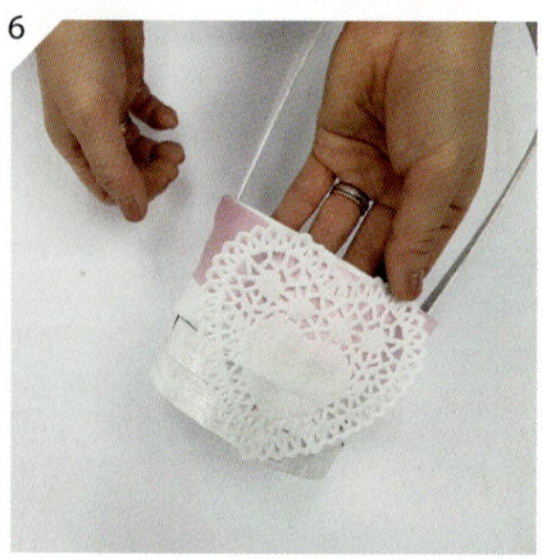

7
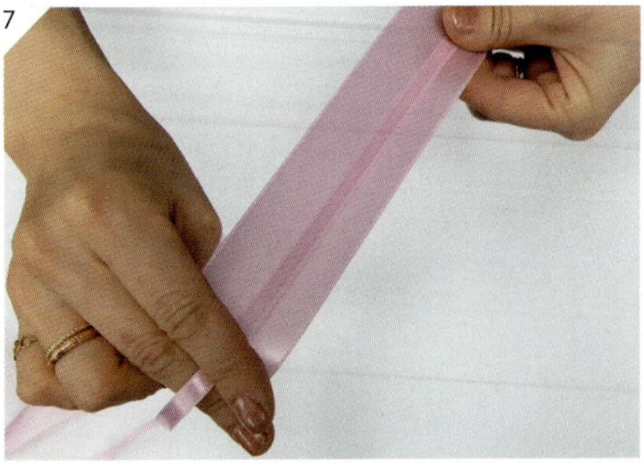

8
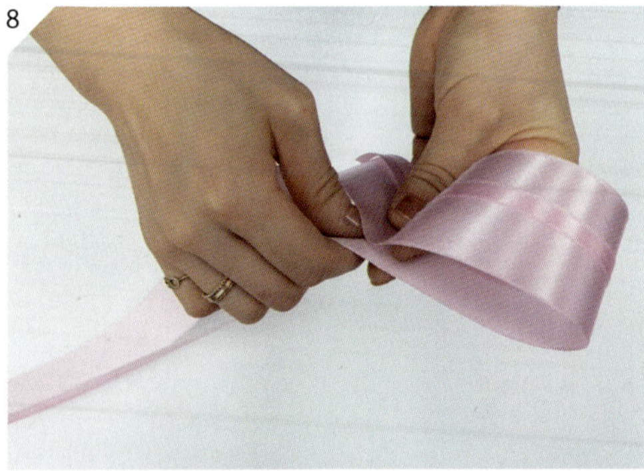

9

10

11

12

7. 일정한 길이의 리본을 남긴다.

8. 왼쪽 링을 만든다.

9. 리본을 180° 꼬아준다 .

10. 오른쪽으로 나온 리본을 같은 방법으로 링을 만들고 엄지와 검지를 이용하여 180° 꼬아준다

11. 꼬인 부분을 가운데 손가락으로 눌러 고정한다.

12. 보우가 앞면으로 오게 한다.

13

14
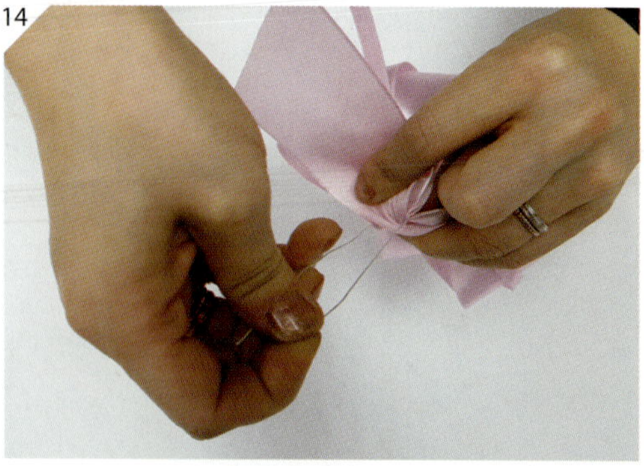

15

16

13. 지철사를 엄지손가락 아래로 넣는다.

14. 가운데 바인딩 포인트에 지철사를 넣는다.

15. 바인딩 포인트가 맞는지 확인하고 지철사를 꽉 조여준다.

16. 보우를 완성한다.

17. 지철사를 이용하여 바스켓에 묶어준다
18. 지철사로 묶은 부분을 얇은 주자리본으로 묶어서 철사가 보이는 부분을 커버한다.
19. 바구니와 어울리도록 리본을 잘라서 길이를 조절한다.

17

18

19

손잡이가 낮은 바구니는 어린 아이들의 화동 바구니로 적합하다.

Design

1. 아이들이 들 수 있도록 작은 바구니를 준비한다. 바구니 사이즈에 맞게 얇은 천을 자른다.
2. 바구니 안에 양면테이프를 붙인다.
3. 얇은 천을 바구니 안으로 넣고 바닥에 부착된 테이프로 고정한다.
4. 스테플러를 사용하여 주자리본과 남은 천을 함께 고정한다.

1

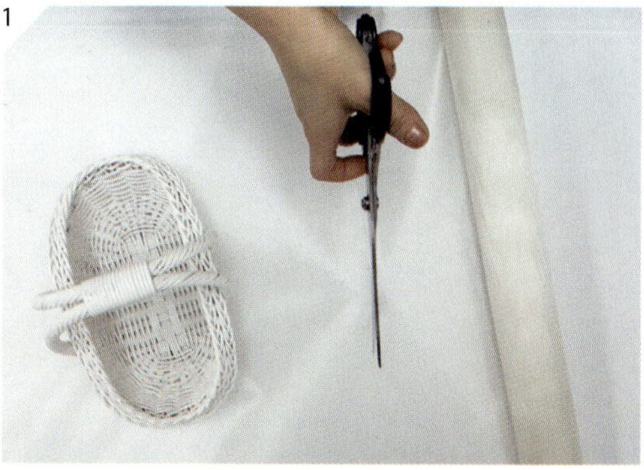

2

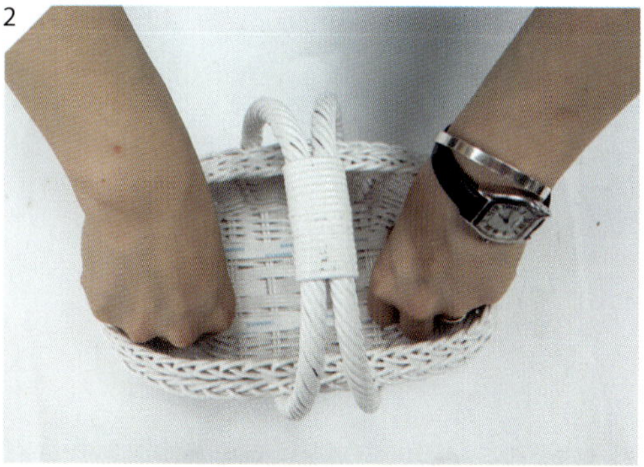

3

4

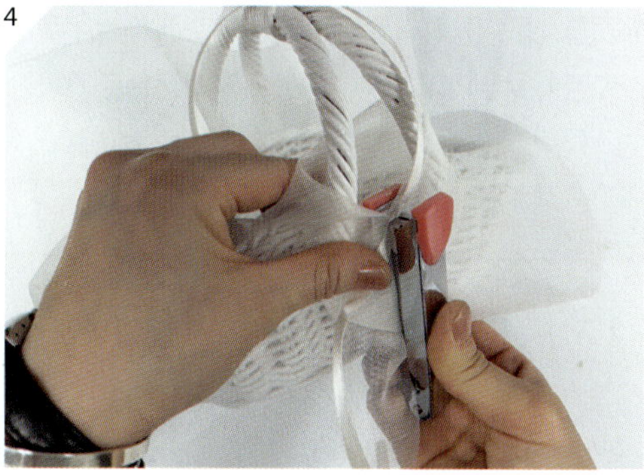

5

6

7

5. 스테플러로 고정한 주자리본을 묶어 보우를 만든다.
6. 지철사를 이용하여 손잡이 부분에 프렌치 보우를 단다.
7. 프렌치 보우의 지철사 부분을 주자리본으로 커버한다.

8. 장미의 꽃잎 부분과 꽃자루 부분을 잡는다.
9. 잡은 부분을 힘을 주어 꺾어서 꽃잎과 꽃자루 부분을 분리한다.
10. 꽃잎 부분을 잡고 손으로 털어 씨방 안에 밑씨를 제거한다.
11. 완성한 바구니에 장미 꽃잎을 넣는다.

8

9

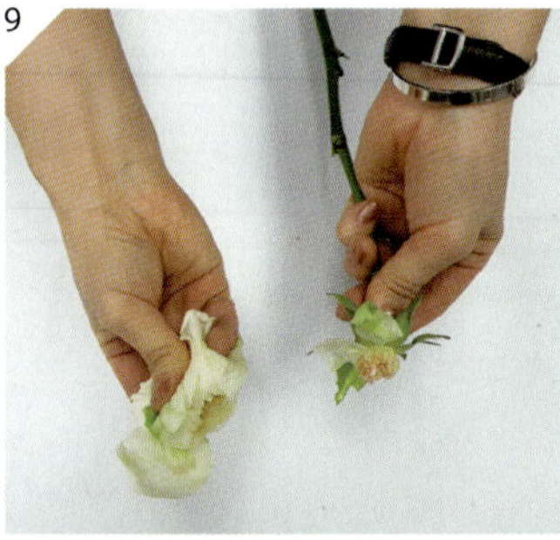

10

11

08 링쿠션

결혼식 도중 반지를 교환할 때 사용하는 링쿠션이다. 보통은 작은 쿠션을 사용하지만 생화로 링받침을 제작해 보았다.

Ingredients

- 장미 꽃잎
- 카파와이어
- 생화본드
- 하트 모양 플로랄 폼

Design

1. 장미의 꽃잎을 따서 구부러진 부분을 자른다.
2. 생화본드를 하트 모양 플로랄 폼에 바른다.
3. 생화본드를 바른 플로랄 폼 위에 꽃잎을 붙인다.
4. 꽃잎을 플로랄 폼과 플라스틱면에 붙인다.

1

2

3

4

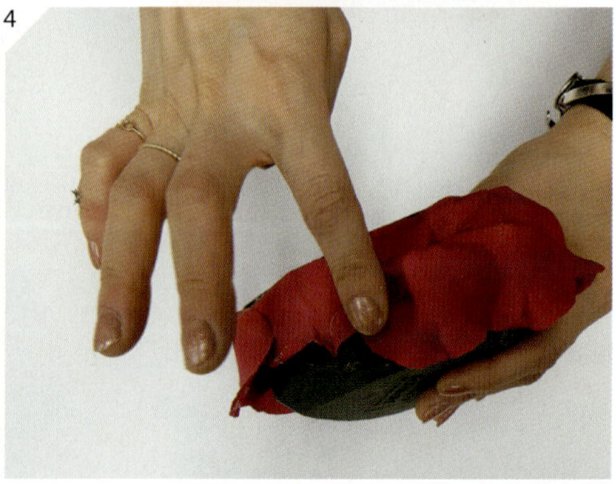

5

6

7

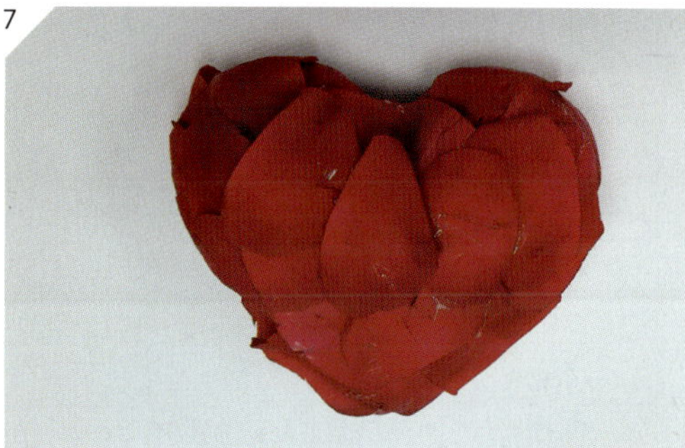

8

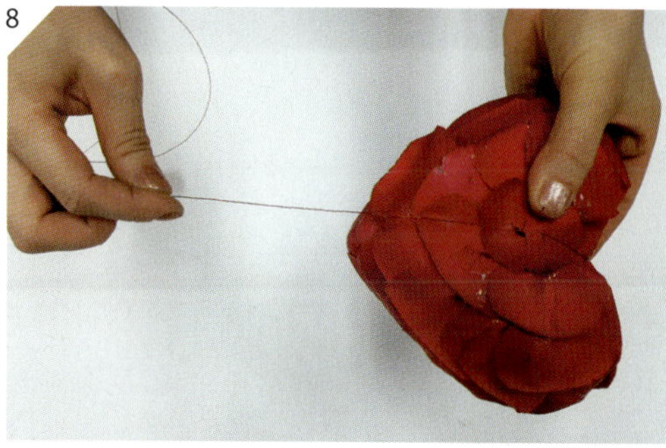

9

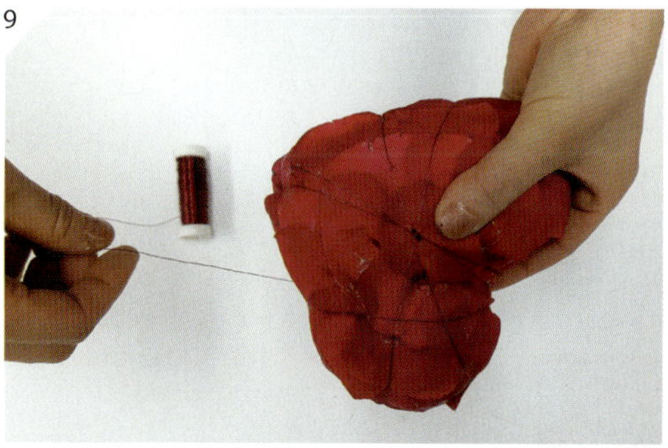

10

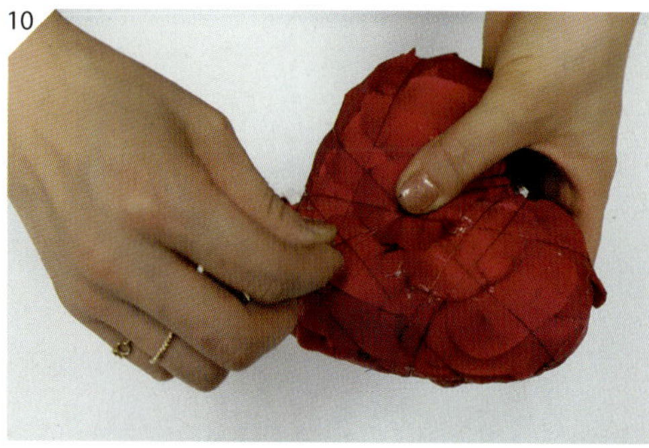

5. 한 방향으로 꽃잎을 붙인다.
6. 아래 한 줄을 다 붙이면 중앙을 향해 한 단계 올려 꽃잎을 붙인다.
7. 장미 꽃잎으로 하트 모양을 완성한다.
8. 꽃잎을 고정하기 위해 장미 꽃잎 색과 비슷한 카파와이어로 촘촘히 감는다.
9. 카파와이어를 사방으로 두른다.
10. 다 둘렀으면 카파와이어를 묶어 고정한다.

11. 20번 철사로 U핀을 만든다.
12. U핀의 안쪽에 리본을 넣는다.
13. 하트 모양 폼에 맞게 U핀의 길이를 조절한다.

11

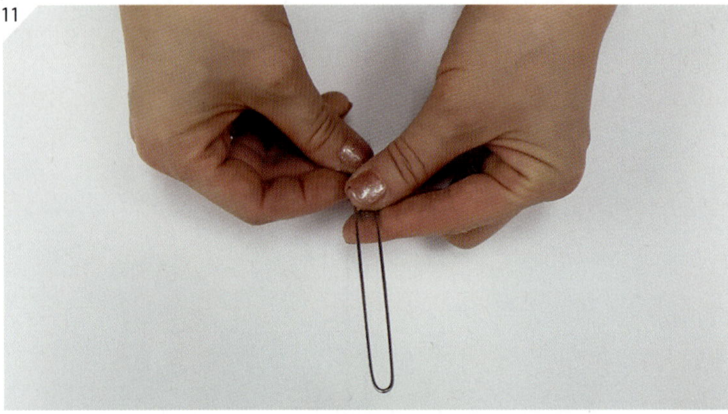

12

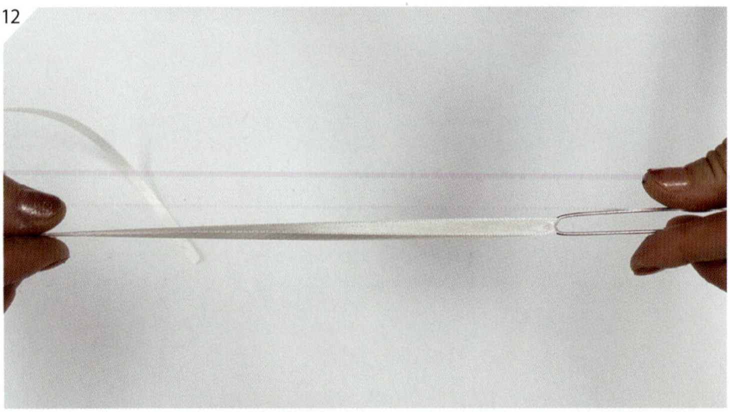

13

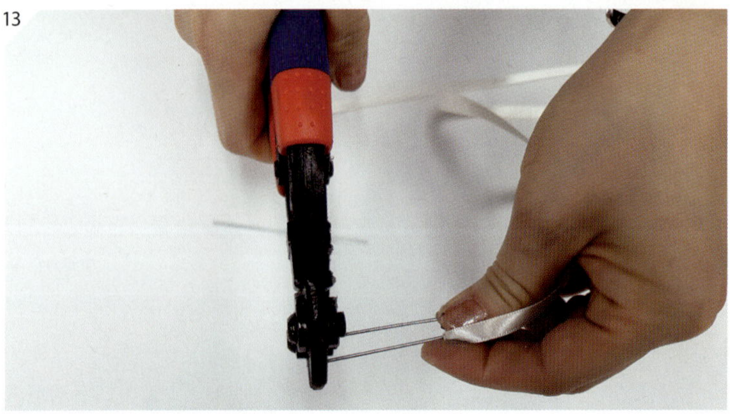

14

15

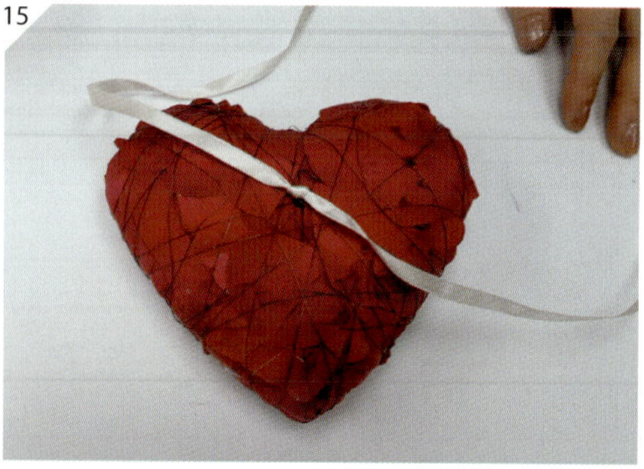

16

14. 장미 꽃잎으로 만든 하트의 중앙에 핀을 꽂는다.
15. 리본으로 매듭을 만든다.
16. 리본 안으로 반지를 넣고 보우를 만든다.

09 의자 장식

야외 웨딩이나 웨딩 촬영을 할 때 주로 사용한다. 세상에서 가장 아름답고 특별한 결혼식을 위해 의자 하나까지도 세심하게 신경 쓴 흔적이 나타나며, 하객들도 기분 좋아지게 만드는 소품 장식이다.

Ingredients

- 화이트 호접란
- 왁스플라워
- 유칼립투스

Design

1. 호접란을 두 송이 혹은 한 송이씩 자르고, 트위스팅법(twisting method)을 이용하여 철사로 줄기를 감는다.
2. 철사를 감은 줄기 부분에 핸드타월이나 티슈를 대고 감는다.
3. 핸드타월이나 티슈를 대고 감은 부분에 물을 뿌려준다.
4. 물을 묻힌 티슈와 호접란 줄기를 함께 플로랄 테이프로 감는다.

1

2

3

4

5

6

7

8

5. 곧고 튼튼한 줄기의 유칼립투스를 선택하여 갈란드를 만든다.
6. 유칼립투스 사이에 왁스플라워를 넣는다.
7. 물 처리한 호접란을 넣어서 플로랄 테이프로 감싼다.
8. 대칭이 되도록 작업한 반대 방향으로 유칼립투스를 넣는다.

9

10

11

12

9. 갈란드가 완성되면 의자에 고정할 수 있도록 얇은 주자리본을 갈란드 양끝에 묶는다.

10. 의자에 고정할 때 기울어지지 않도록 길이 배분을 정확히 한다.

11. 양쪽으로 대칭 모양이 되었는지 확인한다.

12. 완성된 모습

참고문헌

한국화훼장식학회. 「플로리스트를 위한 화훼장식학」. 부민문화사. 2010.

박윤점 외. 「화훼장식학」. 위즈밸리. 2005.

김현민. 「현대 웨딩홀 화훼장식의 통일성 표현기법의 인식과 선호도」. 고려대학교 생명환경과학대학원 석사 논문. 2011.

지은이 소개

Florist 김현민

특1급 호텔에서 17년간 플로리스트로 근무하며 아셈(ASEM), G20 서울정상회의 등 국가적인 행사는 물론 수많은 웨딩플라워 디자인, 일본 황실꽃꽂이를 전담하는 히비야카단과도 함께 작업하였다.
고려대학교 대학원에서 화훼장식학을 전공한 후 단국대학교 학점은행제와 청강문화산업대학교에서 이벤트플라워와 웨딩플라워, 플로랄테크닉을 강의하였다.

Grand Inter-continental Seoul Parnas

Nine Tree Convention Gwanghwamun(Chief Florist)

Inter-Continental Seoul Coex

Mc Queens Flower School-One week Floristy course(London)

Jane Packer Flower School-Classic Bouquet course(London)

고려대학교 생명과학대학원 원예생명공학과 화훼장식학 석사

화훼장식기사

꽃으로 꾸미는 웨딩의 모든 것

올 댓 웨딩플라워 All That Wedding Flowers

2017년 4월 10일 초판 발행

지은이 김현민
만든이 정민영
디자인 어떤날 one-day@hanmail.net

펴낸곳 부민문화사
출판 등록 1955년 1월 12일 제1955-000001호
주소 (04304) 서울 용산구 청파로73길 89(부민 B/D)
전화 02-714-0521~3
팩스 (02)02-715-0521
http://www.bumin33.co.kr E-mail: bumin1@bumin33.co.kr

정가 24,000원
공급 한국출판협동조합
ISBN 978-89-385-0268-1 93520